搜索之道

信息素养与
终身学习的新引擎

周建芳　何冰◎著

北京大学出版社
PEKING UNIVERSITY PRESS

内 容 提 要

在如今这个信息爆炸的时代，学会搜索已成为解决问题的重要能力。无论是销售寻找客户、求职者联系高管，还是考研选导师，如何找到他们的联系方式？合作的公司、看病的医院、眼前的他，如何判断是否靠谱？本书将从基础知识到学习资源，再到职场进阶和学术科研，进而到方法技术和顶层思维，全方位地介绍搜索技巧和工具。

本书甄选三大真实应用场景，80多种搜索工具，90多个实用搜索技巧，100多个搜索案例，集实用性、指导性、趣味性于一体。内容编写通俗，一看就懂，一学就会，旨在帮助读者掌握从技能到思维的搜索能力和知识体系，提高信息素养和培养探究精神，从而能更好地应对信息时代的挑战。通过搜索与知识转化的结合，读者将找到通往高效人生的捷径。无论是学习精进、工作增效，还是知识管理、生活便捷，一切答案，从搜索开始！

本书既适合大学生、教育工作者，以及想提升工作效率的职场人士学习，也适合想持续更新知识体系和能力体系的终身学习者使用，还可作为大中专职业院校搜索相关专业的学习用书，同时欢迎渴望提升个人能力的其他专业人士阅读。

图书在版编目(CIP)数据

搜索之道：信息素养与终身学习的新引擎 / 周建芳，何冰著. — 北京：北京大学出版社，2024.2

ISBN 978-7-301-34822-2

Ⅰ.①搜… Ⅱ.①周… ②何… Ⅲ.①信息素养 – 终身教育 – 研究 Ⅳ.①G254.97 ②G72

中国国家版本馆CIP数据核字（2024）第037151号

书　　　　名	搜索之道：信息素养与终身学习的新引擎
	SOUSUO ZHI DAO: XINXI SUYANG YU ZHONGSHEN XUEXI DE XIN YINQING
著作责任者	周建芳　何　冰　编著
责 任 编 辑	王继伟　吴秀川
标 准 书 号	ISBN 978-7-301-34822-2
出 版 发 行	北京大学出版社
地　　　　址	北京市海淀区成府路205号　100871
网　　　　址	http://www.pup.cn　　　新浪微博：@ 北京大学出版社
电 子 邮 箱	编辑部 pup7@pup.cn　　总编室 zpup@pup.cn
电　　　　话	邮购部 010-62752015　发行部 010-62750672　编辑部 010-62570390
印 　刷 　者	北京溢漾印刷有限公司
经 销 　者	新华书店
	720毫米×1020毫米　16开本　20印张　347千字
	2024年2月第1版　2024年2月第1次印刷
印　　　　数	1—4000册
定　　　　价	89.00元

前 言

在信息数量激增、信息形式多样、信息质量参差不齐的当下，每个人在享受信息福利的同时，又不得不面对信息爆炸、信息过载等诸多问题的困惑和烦恼。如何准确识别自己的信息需求，高效获取、分析和充分利用信息去解决生活和工作中遇到的问题，已经成为个人适应信息社会的一项必要技能。

为什么写这本书？

在这个信息爆炸的时代，学会搜索成为解决问题的关键能力。无论是在学习、工作还是在生活中，我们都需要准确地找到所需的信息，并能够快速定位和筛选。然而，随着信息的不断增长和多样化，我们往往会面临信息过载的困扰。

在纷繁复杂的信息中，如何准确识别并快速定位自己的所需？

新客户要合作，如何判断对方是不是靠谱？

时间紧，任务重，如何高效地做出扎实惊艳的PPT？

广告中炫酷但不知名称的字体，如何呈现在你的PPT中？

考研，如何选导师？如何找到陌生导师的联系方式？如何给导师发邮件？如何聪明地和导师"邂逅"？

做市场，如何通过正当的途径轻松获取目标公司高层的联系方式？

为什么别人几分钟搞定的事情，我却需要大半天？

如何发现互联网上的实用小工具？

这些问题的答案，可以归结为两个字：搜索！

搜索是一门需要不断学习和积累的技术，也是一种基于信息解决问题的方法和思维，是工作、学习、生活的底层能力，是信息化生存的核心素养。

搜索有没有"道"，结果会差得很远。善用搜索，事半功倍，人生"开挂"；搜索不精，处处受限，失去机会。

也许有人会说："搜索，还用学吗？百度一下，谁都会啊？"事实也许远非这么简单，搜索也远不只百度，即便是百度，多数人也并没有摸准搜索的门道。百度之外，别有洞天，少有人去发掘和探索。

搜索，是一类网站，是一批语法，是一堆工具，更是一种方法，一种理念，一种思维。技术易学，思维难成。本书旨在帮助读者掌握搜索的技巧和方法，提升搜索效率，解决信息过载带来的困扰。

本书写了哪些内容

本书共分为六篇，从基础知识到学习资源，再到职场进阶和学术科研，进而到方法技术和顶层思维，全方位地介绍各个领域的搜索技巧和工具。通过学习本书，读者将能够更加熟练地运用搜索引擎，深入挖掘各类学习资源，高效解决职场问题，并在学术科研中找到准确、权威的信息。

第1篇"**基础知识篇**"。从搜索与效率提升的内在逻辑入手，通过实际案例和高效搜索法则的介绍，帮助读者理解搜索的本质和提升搜索效率的方法。

第2篇"**学习资源篇**"。介绍各类学习资源的搜索技巧和工具，包括在线课程、电子书籍、学术论文等。通过学习这些技巧，读者将能够更加便捷地获取学习资源，提升自己的学习效果。

第3篇"**职场进阶篇**"。主要介绍在职场中如何利用搜索工具解决问题、提升工作效率。无论是寻找工作机会、获取行业动态，还是解决实际工作中的难题，本篇都会为读者提供实用的搜索技巧和工具。

第4篇"**学术科研篇**"。着重介绍在学术科研领域的搜索技巧和工具。从数字古籍的搜索到统计数据的获取，再到专利和标准的检索，本篇将帮助读者更加高效地进行学术研究。

第5篇"**方法技术篇**"。介绍搜索引擎的高级玩法、高效下载技术和学术数据库的检索技术。通过学习这些方法和技术，读者将能够进一步提升搜索效率，更好地应对各种搜索需求。

第6篇"**顶层思维篇**"。探讨搜索与探究精神的关系，以及搜索与终身学习的紧密联系。通过培养探究精神和终身学习的意识，读者将能够在搜索中不断精进和成长。

本书有哪些特点

（1）**实战经验丰富**。本书的作者周建芳老师是四川师范大学的一名教师，中图学会学术委员会信息素养工作组成员，长期从事信息素养教育的研究与教学。他拥有多元的知识结构和广泛的工作经历，涵盖投资、图书馆学、经济学、证券行业等多个领域。他在教学和科研中积累了丰富的经验，并将这些经验与读者分享，帮助读者更好地应对信息化时代的挑战。

（2）**案例贴近实际**。本书不仅是一本工具学习书，更是一本专注于解决实际工作和生活中相关问题的专著。书中通过精心组织的100多个实实在在的案例，向读者展示了丰富的资源、高效的工具、小众的技巧和实用的方法。

（3）**强调实用性**。无论是内容结构还是案例设计，本书始终以读者的学习、工作和生活需求为首要考虑。书中力求提供有料、有用、有趣的内容，避免使用晦涩的新名词和复杂的理论。相反，它提供了可借鉴性极高的内容，旨在提高读者解决问题的能力和效率。

（4）**注重实践探索**。本书详细介绍了80多种搜索工具和90多个实用搜索技巧，并在具体内容后安排了同步训练内容，鼓励读者按照要求进行实践操作，提升动手实践能力，以便尽快巩固所学知识。

（5）**培养探究精神**。探究精神是终身学习的重要内驱动力，也是信息素养的重要体现。本书始终强调探究精神，时刻提醒读者激活信息意识，培养终身学习的能力。

（6）**提供精华指点**。本书在重要内容处设置了"温馨提示"小栏目，将正文中介绍的知识、操作技巧等精华要点进行二次提炼，再次启发和提示读者，帮助他们加强记忆，轻松上手，并更快地解决问题。

本书适合哪些人阅读

学习本书内容的读者不需要具备太多的专业知识，只要会上网就可以。虽然这个标准并没有具体的要求，但本书作者最希望与下面三类读者进行分享和交流。

第一类适合的读者是大学生。虽然大多数大学都会开设一门名为"信息检索"的课程，但实际上，与本书的相关内容差异很大。本书将告诉读者一些大学课堂上学不到的内容，这些内容与大学生的生活、学习以及将来的工作息息相关，而且非常实用。

第二类适合的读者是职场年轻人。职场年轻人充满激情，潜力巨大，他们需要的是基础知识和经验。工作效率和质量不仅关系到他们在老板眼中的形象，同时也关系到个人的收入和职业前景。本书将从解决问题的角度与读者产生共鸣，帮助读者搜索信息、利用工具，提高工作效率和质量；同时，从思维和理念的层面上提升读者解决问题的能力，为读者在职场上的进阶打下坚实的基础，并积累宝贵的经验。

第三类适合的读者是终身学习者。在信息化时代，新事物不断涌现，知识和技术日新月异。要跟上并适应这个时代，我们必须持续更新自己的知识体系和能力体系，这就需要不断学习。从这个角度来看，我们每个人都是终身学习者。值得庆幸的是，这个时代为我们提供了丰富的学习资源、工具、方法和渠道。每个人都需要具备搜索能力和搜索意识，在需要的时候能够想到、找到并利用这些工具和资源来实现自己的学习目标。本书将从资源、工具、技术和思维等方面帮助读者找到终身学习的方法。

从这本书中能学到什么

本书将帮助读者在以下几个方面实现提升。

第一，提升解决问题的效率和质量。通过运用搜索思维、选择适合的搜索系统、利用搜索工具和技术，我们才可以找到合适的资源，从而提升解决问题的效率和质量。这将使读者在工作中游刃有余，成为同事眼中那个总能找到解决办法的人。

第二，强化信息意识和培养探究精神。资源、系统、技巧和工具都可能会发生变化，但基于信息解决问题的方法和思路是永恒不变的。更重要的是，培养基于信息解决问题的意识和在不断探索中找到答案的精神。这是本书在设计内容和案例时的基本逻辑，通过本书的学习，相信读者一定能够领悟到这些重要的观念。

第三，培养终身学习的能力。终身学习能力直接关系到个人的发展，并间接影响整个社会的进步。在这个纷繁复杂且快速变化的现代社会中，只有拥有终身学习的能力，才能跟上时代的节奏。通过基于信息解决问题的过程，读者将不断学习，实现从技能到思维的进阶，为培养终身学习的能力铺平道路，这也是本书的终极目标。

本书阅读技巧和注意事项

学习之路需要自己去探索，而本书将成为读者的指路明灯。要想掌握本书所呈现的内容，建议读者秉持以下六点原则。

一、用心体会

不仅要关注书中内容的关键知识点，更要用心体会案例中呈现的解决问题的方法和思路。这不仅是对技术的学习，更是对思维方式的培养。

二、动手实践

对于书中提到的每一个资源、系统、技巧和工具，都要动手去实践一下。不要怕麻烦，因为在实践的过程中会发现新的问题，解决问题的过程比得到一个现成的结果更为重要。

三、学会质疑

互联网上的资源、系统和工具数量众多，质量也参差不齐。本书所推荐的工具、资源等也可能存在问题，读者要敢于质疑，学会质疑，在切磋中我们共同提高。

四、积极探索

将搜索作为每个解决问题的起点，获取信息，找到线索，根据线索继续探究。走一步，看一步，在不断的搜索和探究中逐渐接近问题的答案。

五、拓展自己

书中所讲的内容只是一块抛砖引玉的砖，更多的玉需要读者努力去寻找。以本书所呈现的内容为基点，通过相似网站搜索、攻略搜索等渠道不断拓展自己的认知边界。

六、总结升华

基于自己的实践、探索和拓展的积累，结合书中内容构建自己的知识体系和能力框架，形成自己的搜索思维和解决问题的逻辑。

现在，让我们一起推开搜索之门，跟随本书的引导，发掘互联网中无尽的宝藏。让我们共同成长，共同进步。

温馨提示： 计算机技术发展迅速，相关网站、工具版本等更新较快，书中内容在写作时（2023 年 9 月）以最新版本为基础，但由于图书写作到出版有一定的时间周期，因此，读者拿到书学习时打开的网站页面或使用的工具版本或许有些小小差异，但不影响学习。读者学习时可以根据书中的思路、方法与应用经验举一反三、触类旁通，不必拘泥于软件的一些细微变化。

另外，读者可以用微信扫描下方任意二维码关注公众号，输入代码dM24221，获取本书重点知识教学视频。

资源下载 官方微信公众号

最后，感谢广大读者选择本书。本书由"凤凰高新教育"策划，内容由周建芳、何冰两位老师编写，全书由胡芳老师统稿编校。在此，对他们的辛苦付出表示感谢。本书在编写过程中，竭尽所能地为读者呈现最全、最新、最实用的知识，但由于计算机技术发展非常迅速，书中疏漏和不足之处在所难免，敬请广大读者及专家指正。您在学习过程中产生疑问或有任何建议，可以通过 E-mail 与我们联系。读者邮箱：2751801073 @qq.com。

目 录

第 4 篇　学术科研篇

第 5 篇　方法技术篇

第 6 篇　顶层思维篇

第1篇　基础知识篇

　　在信息数量激增、信息形式多样、信息质量参差不齐的当下，每个人在享受信息福利的同时，又不得不面对信息爆炸、信息过载等诸多问题的困惑和烦恼。如何准确识别自己的信息需求，高效获取、分析和充分利用信息去解决实际生活和工作中遇到的问题，已经成为个人适应信息社会的一项必要技能，这也是本书为你呈现的技能。在本篇中，我们先来介绍快速获取信息的方法——搜索的基础知识，包括搜索与效率提升的内在逻辑、搜索与信息素养的关系，带你了解搜索的作用和意义。

第1章

搜索与效率提升：搜索与效率的内在逻辑

在农业经济时代和工业经济时代，我们只需要掌握一些知识和技能，就能应付往后人生的工作、生活所需。但在信息实时更新、知识飞速迭代的当下，如果接收信息慢了一步，或者没有及时学习新知识，或者观念没有更新，你落伍的速度就会很快，甚至会导致在职场中被淘汰，面临失业困境，生活出现问题。

现代人需要掌握更多信息、学习更多的知识，才能解决工作中存在的问题。然而信息那么多，知识更新迭代的速度那么快，任由它们在我们的大脑中快进快出也是不行的，正所谓"吾生也有涯，而知也无涯。以有涯随无涯，殆已！"

哪些内容才是我们需要的，是真正能提高我们工作效率的呢？本章我们就来聊一聊搜索与效率之间的内在逻辑。

1.1 一个案例：5秒钟找出8000多个身份证号码中的错误

几年前，我有一个朋友是做会计培训的。每年他都要招收 8000 多名学生，为了方便管理，他要求每个学生提供身份证复印件，并让员工将身份证上的信息手动录入 Excel 表格。这些数据在学生管理、考试报名和颁发合格证书时都会被使用。然而，在手动录入身份证信息的过程中，错误是难以避免的，尤其是身份证号码输入错误。这导致后续报名考试时准考证和合格证书上的信息都是错误的，从而引发了一些学生的投诉和纠纷。

当他找到我寻求帮助时，他已经招收了 8000 多名学生，也收集了 8000 多张身份证复印件，并在 Excel 表格中录入了 8000 多行数据（见图 1-1）。他意识到这些数据中肯定存在错误，但问题是如何找到并纠正这些错误呢？

图 1-1　需要核对的身份证复印件号码

第一招：逐个核对

我的这位朋友在找我之前，自己还想过一些办法来解决这个问题，也就是这里要说的第一种方法——逐个检查身份证号码的正确性。两个人一组，其中一个人念身份证复印件中的信息，另一个人在 Excel 表格中核对数据并做好标记。

这种方法很简单，但效果很不好。首先是效率低，两个人一组，一张身份证复印件核对至少需要 30 秒，1 分钟两张，1 小时 120 张，1 天按 8 小时工作时间，只能核对 960 张，8000 多张至少需要 9 个工作日才能核对完成。

另一个更大的问题是，难以完全找出其中的错误，校对的质量不高。试想一下，当两个人全神贯注、认认真真校对了 200 个身份证号码，一个错误都没有发现时，注意力就很难继续高度集中，稍不留神，一个错误可能就被放过去了。

第二招：拍照 + 文字识别

对逐个核对方法的结果不满意，后来有人给他支招，用文字识别的方法来校对。先拍照，然后用文字识别软件识别其中的身份证号码。

由于当时智能手机还不普及，拍照用的是数码相机，文字识别也很难找到在线版，但免费的文字识别软件还是比较多的。搜索文字识别软件（见图 1-2），下载安装，然后拍照识别。试了两张，他就放弃了，为什么呢？

图 1-2　搜索文字识别软件

拍照很慢，更重要的是身份证复印件大多不是很清楚，清楚的又连底纹都被识别出来，文字识别出来的效果很差，错误更多。显然，文字识别这招不靠谱。

第三招：自动朗读 + 人工校对

这位朋友在找我之前，还找到了一个解决方案——人工校对，不过不是两人一组，而是用计算机自动朗读，再配合人工校对。

网上有不少实现Excel文本朗读的攻略，查看后搜索相应的插件进行安装（见图 1-3），设置后使用。原来需要两个人做的事情，现在一个人就可以完成了，效率提升了一倍。

图 1-3　搜索自动朗读插件

但这种方法还是有问题，速度虽然快了 1 倍，但还是需要很长时间，注意力不能长时间保持集中的问题还是没有解决，难免出错。

第四招：写个程序计算比对

有没有更好的办法呢？

大家都知道国内的身份证号码是一个 18 位的数字和字母组合，它们的排列是有规律的，前 6 位是地区编号，中间 8 位是出生年月日，后面 4 位也有所区别。用"身份证编码规则"这个关键词在搜索引擎中搜索就得到答案了，具体介绍如图 1-4 所示。可以发现身份证号码的最后一位（第 18 位）是校验位，也就是说，身份证号码的第 18 位是根据前 17 位数据用一个固定的公式计算出来的。

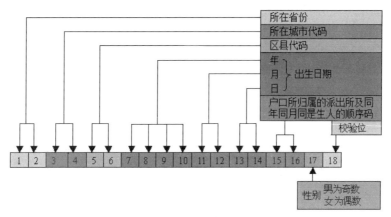

图 1-4　身份证号码中包含的信息

发现这个规则后，写个程序就好了。将身份证号码的前 17 位进行计算后与第 18 位进行比对，如果不同，则说明该号码是错误的。不要说 8000 个身份证号码，就是 8 万个，都是瞬间搞定的事。

写程序，首先要知道第 18 位是怎样通过前 17 位计算出来的，也就是要知道计算公式是什么。继续搜索，用"身份证校验公式"之类的关键词百度一下，很容易找到校验公式。大概意思是：前 17 位数据分别乘以一个固定的系数，接着对得到的 17 个结果数据求和，然后用这个结果数据除以 11，查看得到的余数，最后通过一个映射表转换一下就得出第 18 位数。

试想一下，这种情况下求余数有几种可能？对，11 种，数字 0 到 10，但第 18 位是一位数字，只能放数字 0 到 9，多出来的那个就是 X。

知道解决思路和具体的公式编写方式后，就可以用对应的软件来编写程序了。

第五招：用 Excel 编写校验公式

编写程序能高效解决问题，但并不是每个人都掌握了 C++、Python 等程序编写语言。不会写程序，又该怎么办呢？

可以在 Excel 中编写公式啊！这里用 IF 函数来编写公式就可以完成了。即使对 IF 函数不熟悉，也可以通过 Excel 提供的帮助和网络中的学习资源来学习和理解它的用法。使用 Excel 软件本身提供的帮助信息，只需按照图 1-5 进行操作，打开如图 1-6 所示的网页界面，就可以查看 IF 函数的功能、参数格式、视频讲解，上面还从简单到复杂举了 5 个例子，看了这些，绝对能够学会。

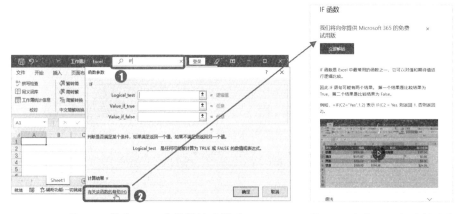

图 1-5　搜索 Excel 软件提供的帮助　　　图 1-6　查看 IF 函数讲解信息

　　总之，通过使用 Excel 编写校验公式，我们可以高效地检查和纠正身份证号码的错误，确保数据的准确性。这种方法不需要具备编程技能，只需要掌握 Excel 的基本功能即可完成。对于那些不熟悉编程语言的人来说，这是一个简单而有效的解决方案。

第六招：搜索别人写好的校验公式

　　实际上，用 Excel 编写一个校验身份证号码的公式还是有点麻烦，先要搞清楚校验规则，还要学习函数，只用 IF 函数还不行，还需要用到其他函数和设计函数嵌套，对于不擅长编写函数的用户还是不友好。有没有更简单的方法呢？互联网上有没有别人写好的校验公式呢？实际上，当我们感慨如果有一个什么样的东西就好了时，互联网上很可能就有这样的东西。

　　以"身份证号码 Excel 校验公式"为关键词在搜索引擎中搜索，很容易找到一个别人写好的公式，如图 1-7 所示。

　　本来以为把这个公式复制到单元格，自动填充一下就好了，但做的时候才发现，从网页上复制的公式存在格式上的错乱，需要调试，也很麻烦。

=IF(LEN(A1)=0,"空",IF(LEN(A1)=15,"老号",IF(LEN(A1)<>18,"位数不对",IF(CHOOSE(MOD(SUM(MID(A1,1,1)*7+MID(A1,2,1)*9+MID(A1,3,1)*10+MID(A1,4,1)*5+MID(A1,5,1)*8+MID(A1,6,1)*4+MID(A1,7,1)*2+MID(A1,8,1)*1+MID(A1,9,1)*6+MID(A1,10,1)*3+MID(A1,11,1)*7+MID(A1,12,1)*9+MID(A1,13,1)*10+MID(A1,14,1)*5+MID(A1,15,1)*8+MID(A1,16,1)*4+MID(A1,17,1)*2),11)+1,1,0,"X",9,8,7,6,5,4,3,2)=IF(ISNUMBER(RIGHT(A1,1)*1),RIGHT(A1,1)*1,"X"),"正确","错误"))))

图 1-7　身份证号码 Excel 校验公式

可以看到图 1-7 所示的公式很长，先不说调试，光看懂就需要很长时间。我后来调试这个公式用了二十多分钟。

有没有更简单的方法？

第七招：查找别人写好的身份证号码校验 Excel 文件

你都想到找别人写好的 Excel 校验公式了，为什么不一步到位直接找一个别人写好的身份证号码校验 Excel 文件呢？

我的朋友咨询我这个事的时候，我大概思考了 10 秒，在搜狗搜索中输入"身份证校验 filetype:xls"进行搜索，如图 1-8 所示，找到合适的文件下载后，按"Ctrl+C"组合键进行复制，然后按"Ctrl+V"组合键进行粘贴，前后不到一分钟，完美解决。从他给我的 8000 多个身份证号码中，找出了 14 个错误，而且这 8000 多个身份证号码还是已经通过语音朗读方法校验过的。

图 1-8 搜索身份证号码校验 Excel 文件

第八招：用 Excel 插件 5 秒搞定

找身份证号码校验 Excel 文件，不到 1 分钟解决问题，已经比之前的那些方法快多了。不过这都是 10 多年之前的方法，如果现在再遇到这种问题，我还有更快的解决方法，只要 5 秒。

5 秒，为什么能这么快？因为，我的 Excel 安装了方方格子插件，里面有一个 DIY 工具箱，其中一个功能就是验证身份证号码的合法性。直接选定要验证的身份证号码，按步骤操作即可轻松搞定。

1.2 搜索与效率提升的内在逻辑

在海量的信息资源中，我们常常忽略搜索的差异及其与效率的关系。我们可能只是觉得信息资源丰富多样，不同的搜索平台各有各自的特色，每个人的信息需求也各不相同。只要选择一个搜索系统，将具体的需求转化为系统支持的检索问题，然后提交给系统，等待结果即可。

然而，在上述案例中，我们需要解决的问题是在 Excel 表格的 8000 多个身份证号码中找出错误。通过搜索信息，我们尝试了 8 种不同的方法，实际上它们的效率差异很大。

最传统的逐个核对方法需要两个人耗费近两周的时间才能完成，效率和质量都很低。尝试使用"拍照＋文字识别"方法后发现不可靠，放弃了。采用"自动朗读＋人工校对"方法，虽然效率提升了一倍，但效率仍然较低，而且质量也不理想。编程方法是不错的选择，但需要掌握相应的技术，对于大部分人来说并不一定实用。使用Excel编写公式大约需要半天时间，相对较快。找到别人编写好的公式，调试大约需要 20 分钟。找到别人编写好的能校验身份证号码的Excel文件，仅需 1 分钟即可搞定。使用Excel插件只需要 5 秒。

可以看出，不同的搜索信息方式带来了显著不同的效果，问题解决效率和质量也大有不同。这实际上是因为背后的思维方式和方法不同。

● **搜索，有助于发现解决问题的新资源**：互联网上有许多优质资源，它们可以提升解决问题的效率和质量。在身份证号码校验案例中，Excel的帮助信息、别人编写好的Excel校验公式、Excel校验文件等资源都已经存在，任何人都可以免费获取，关键是在遇到问题时能否想起并利用这些资源。

● **搜索，有助于找到解决问题的新工具**：互联网上有许多已经开发好的小工具，当我们搜索相关内容时，也会找到对应的工具。例如，在身份证号码校验例子中，我们提到了文字识别、自动朗读、Excel插件等工具，它们在合适的场景下可以提升问题解决的效率和质量。

● **搜索，有助于发现找到解决问题的新方法**：在刚才的例子中，大部分人是先想到方法，再针对性地搜索。实际上，在搜索的过程中，我们会发现新的资源、工具，这些新的资源和工具有可能启发我们找到解决问题的新方法和思路。我们也可以有目的地搜索解决问题的方法，这就是我们常说的找攻略。

● **搜索，有助于形成解决问题的新思维**：通过搜索，我们可以发现和整合资源、工具和方法，形成基于信息解决问题的新思维。在解决问题的过程中，通过搜索、探究和实践，我们逐渐积累了经验，当遇到新问题时，我们会下意识地想到搜索信息来解决问题，并调动自己的积累，形成解决问题的综合方案。

1.3　高效搜索法则：能用垂直搜索，不用综合搜索

搜索有道，人生才能上道。我常对学生们说一句话："不到万不得已，不用百度。"

当然，并非百度有不妥之处，在中文搜索领域，百度搜索引擎表现出色。

实际上，"不到万不得已，不用百度"所要传达的意思是"只在万不得已时，才用综合搜索引擎"。

无论是百度还是谷歌，这些综合搜索引擎搜罗了各类信息，结果丰富多样，但也杂乱无章。因此，我建议尽量减少使用此类搜索引擎，而推荐垂直搜索。

这正是本书要向你介绍的高效搜索法则——尽可能使用垂直搜索，避免综合搜索。

什么是垂直搜索呢？你可能很少听说，但肯定使用过！

当你需要搜索图片时，可能会使用百度图片搜索；寻找视频时，可能会在优酷、B站等视频网站进行搜索；查询火车时刻表时，你很可能选择12306……使用百度图片搜索、优酷寻找视频、12306查询火车时刻表，这些都属于垂直搜索。

简而言之，垂直搜索是与综合搜索相对的概念。百度、谷歌等综合搜索几乎无所不包，而垂直搜索不同，它只搜索特定类型、特定领域的信息，或者具有特定特征的信息。

例如，百度图片搜索只搜索图片，优酷中找到的只是视频，12306查询的是与火车运行和旅行相关的信息。这些都是同一类型或符合特定特征的信息。因此，这些搜索都属于垂直搜索。

垂直搜索的优势主要体现在专业、精确和深度三个方面。

（1）**专业**。垂直搜索专注于特定领域。例如，图片搜索只搜索图片，绝不会出现视频；音乐搜索只搜索音乐。专注于特定领域之后，搜索结果将更加专业。

（2）**精确**。垂直搜索缩小了资源搜索范围，大大减少了无关资源的干扰。与综合搜索相比，结果更加精准。有些垂直搜索，如12306，基于实时业务数据，搜索结果的质量更有保证。

（3）**深度**。垂直搜索背后的数据通常是结构化的，因此提供的搜索也是结构化的。我们可以使用多个条件，从多个维度对结果进行限定。

例如，在12306搜索时，我们可以具体限定起点站、终点站和时间，得到的结果不仅包括具体车次，还包括价格、区间停靠站和停靠时间、距离等一系列结构化数据。

垂直搜索有很多，从第3章开始将按类别跟大家进行分享。

本章小结

　　这一章首先以作者多年前的亲身经历为案例引入，通过搜索信息校验身份证号码的 8 种方法，主要想告诉读者搜索与效率提升的内在逻辑。搜索可以发现新资源、新工具、新方法，进而形成新思维。最后，将本书要介绍的高效搜索法则——能用垂直搜索，不用综合搜索告知读者。在后续的章节中，会介绍更多实用的垂直搜索系统或工具，希望在讲解具体的案例实操前，大家能形成这样的搜索思维。

第 2 章

搜索与信息素养：从技能到素养的提升之道

有这样一群人，遇到任何问题，都能通过自己的探究找到解决的方法和思路。碰到任何事情，总能解决，不仅效率高，而且质量好。

当你还在懊恼选错专业的时候，他已经为这学期自己要学习的内容找到了多门国内外的同名在线课程，利用业余时间学习喜爱的专业，不但免费，而且优质。

当你将"有问题，百度一下"作为习惯时，他会告诉你"不到万不得已，不用百度"，而且会强调"不用百度并非百度不好，而是因为有更好的选择"。

当你用 Word 很认真地逐字编辑策划报告的时候，他只是在搜索引擎中输入"filetype:doc策划"，然后选择性下载合适的策划报告文档，查看后再选择一个最好的或糅合几个文档中的优秀部分，最后把自己的内容置换进去就完成了。

当你遇到问题不知所措时，他会默默打开知乎寻求攻略，然后根据攻略进一步查找需要的信息。

……

为什么他们这么厉害，不仅了解大量信息资源，知晓许多信息知识，清楚权威的信息渠道，知道小众的信息工具，还掌握着实用的搜索技巧？答案就是本章将隆重向大家介绍的关键词——信息素养。

2.1 什么是信息素养

信息素养是一个动态变化的概念，站在不同的立场，基于不同的视角，不同的人和组织对"信息素养"有不同的定义。率先提出信息素养这一概念的泽考斯基，将信息素养定义为"利用众多信息工具及主要信息资源解决具体问题的技能"，而后又出现了多种定义。

现在我们可以这样理解：信息素养是基于信息意识、信息知识、信息伦理，通过确定、检索、获取、评价、管理、应用信息解决所遇到的问题，并以此重构自身知识体系的综合能力和基本素质，如图 2-1 所示。

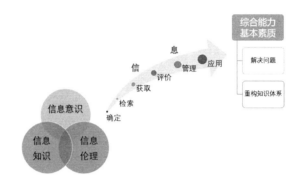

图 2-1　信息素养概念示意图

2.2　搜索与信息素养的关系

信息技术的迅猛发展及其产业化的空前成功，将人类社会带入信息无处不在的信息泛在时代。然而，在具体场景下我们的信息需求往往是有限的。一方面是海量、繁杂、无序的信息资源，另一方面是具体的信息需求，矛盾解决的途径就是通过一定的系统对信息进行搜索。

例如，"爱课程"作为一个在线课程平台，已经把大量的在线课程存储在自己的系统中，并经过了一系列设计。我们可以在该平台的检索框中根据其检索设计原理，输入课程名称、学校名称或课程负责人三项中的任何一项，来对平台系统进行提问，当数据库中的标引信息与用户的提问表达匹配成功时，系统会将检索结果返回。这就是信息搜索的工作原理。

从信息素养的定义中我们可以看到，搜索信息只是信息素养 6 种能力中的一种，而且有可能还不是最重要的那种。信息搜索之外，还有确定信息、获取信息、评价信息、管理信息和应用信息。

当然，这 5 种能力都与搜索密切相关。

搜索信息是一项技能，而信息素养是一种技能之上的综合素养。技能可以通过短时间的强化训练进行提升，而素养的修炼则需要长时间的积累。

回到本章开始列举的那些信息达人在处理具体事务时的做法，你就明白了，他们具有较高的信息素养。除了我们能看到的表面技能——他们了解大量信息资源，知晓许多信息知识，清楚权威的信息渠道，知道小众的信息工具，掌握实用的搜索技巧，他们还具有我们看不到的技能——遵循基本的信息伦理，有较强的信息意识，对新事物敏感、敏锐，遇到问题能够首先想到基于信息来解决。

信息素养是一种了解、搜集、评估和利用信息的知识结构，既需要掌握成熟的信息技术，也需要理解完善的调查、鉴别和推理方法。作为一种综合能力的具体体现，信息素养不仅关乎个人在信息社会的生存与发展，也关系到整个人类社会的进步与发展。因此，信息素养及信息素养教育在国内外逐渐得到重视。

2.3 信息素养的6种能力

前面提到信息素养的 6 种能力，实际上这 6 种能力也是我们日常使用搜索解决问题的行动框架各环节，以及整理、应用信息需要具备的能力。

爱因斯坦曾经说过："如果给我 1 个小时，解答一道题，我会花 55 分钟弄清楚这道题到底在问什么，用剩下的 5 分钟来作答。"同理，信息搜索也是为了防止大家因需求模糊而迷失在海量的信息里，需要在信息搜索前就制订好计划或方案，对整个搜索过程做好安排。搜索策略是否考虑周全，以及在搜索过程中能否根据实际情况修改原来的策略，都会直接影响最终的搜索结果，这也是影响搜索效率的重要因素。

基于计算机网络的信息搜索策略，一般包括信息素养能力中的 4 种，即图 2-2 中的前 4 个环节：

（1）分析问题，确定信息需求；

（2）选择搜索系统，设置检索条件；

（3）筛选搜索结果，获取需要的信息；

（4）评价信息价值，优化检索策略。

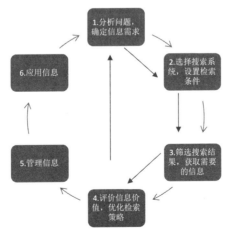

图 2-2　信息素养的 6 种能力与搜索解决问题的行动框架

1. 确定信息需求

获取信息、解决问题时，分析问题、确定信息需求是信息搜索过程中最重要的一步。信息素养的第 1 种能力也是确定信息。很多时候，识别信息需求比搜索信息更为重要。

遇到的问题不同，信息需求会有差别，即便是同一问题，解决问题的方法不同，需要的信息也不相同。遇到问题之后，首先要知道要达成什么目的，需要什么信息，要搜索的资源类型是什么，以及哪些领域的资源和资料能够帮助我们更准确高效地解决这些问题。

如图 2-3 所示，确定了信息需求，实际上就找到了解决问题的方法。所以，在这一步多花点时间没有关系，不仅不会浪费时间，反而会更加高效。

图 2-3　从遇到问题到确定信息需求

我们需要解决的大部分问题，涉及的信息需求一般都是比较明确的，比如学习一门课，要找这门课相关的书、视频课、题目、软件等。但有时候，信息需求并不是很明确，这时候，识别信息需求就显得特别重要了。

> **Tips**　若是学术方面的信息需求，不仅要考虑所需信息的类型、时间、语种，还要考虑查准、查全等问题。

记得 2003 年，我考研初试成绩出来之后，即将面试。初试成绩排名中，专业内共 25 人上线，我的成绩排在第 17 名，该专业总共招收 19 人，所以我的排名还是比较危险的。

怎么准备面试呢？这是我遇到的问题。信息需求是什么呢？我当时是这样做的，先估计面试评委是哪些人。查招生简章，发现这个专业只有 5 位导师，然后我就估计这 5 位老师参加面试的可能性比较大。继续查询这 5 位老师最近两三年发表的文章，认真阅读，总结要点。

面试时发现，评委果然是这 5 位老师，部分老师问的问题与其发表的论文密切相关，于是就按照老师论文中的思路回答。面试结果还是比较不错的，面试成绩加上初试成绩，最后的综合成绩排名是第 9 名，也就是说提高了 8 个名次。

这只是一个识别信息需求的例子，信息需求的识别没有统一的方法，只能就事论事，见招拆招。但也有一定的套路，有两点需要关注。

第一，要尽可能知道这个世界上有哪些信息资源。

分析信息需求依赖平时的积累，只有知道这个世界上有哪些信息资源，遇到问题的时候才有可能想到并利用这些信息资源。很多优质的信息资源已经存在，而且大多是免费的，我们发现的时候往往相见恨晚，更多的时候，我们并没有发现。

所以，多去搜索，多去关注，多去尝试，在解决问题的过程当中发现新资源，并为以后问题的解决进行资源积累。

第二，要学会找攻略。

找攻略（也就是别人分享解决问题的方法和思路）是分析信息需求的重要思路。遇到问题时，你可能不确定需要什么信息，不妨去有意识地搜索一下别人的攻略，也许你会发现，原来你自己想到的并不是最优的需求。别人的方法和思路常常提供了识别信息需求的线索，根据这些线索自己再去认真探究，你不仅会解决目前的问题，可能还会有更多的发现。

例如，备考CPA（注册会计师），你可能不知道需要什么样的信息资源，但互联网上有很多正在备考或已经考过的人写的备考攻略，里面可能会告诉你什么时间考试、什么时间报名、报名条件有哪些、需要哪些教材、哪些网课不错、有什么备考网站、有什么公众号需要关注、哪些刷题App应该安装、知乎中有哪些CPA方面的"大神"，等等。

2. 搜索信息

搜索信息是信息素养的第2种能力。

在挖掘出真正的信息需求后，根据需求搜索信息相对就简单多了。但有两点要强调一下。

第一，选择合适的搜索系统。

在第一章中就强调过，不到万不得已，不用百度，不用综合类的搜索引擎。有专业的资源系统，就用专业的资源系统，比如要找中文学术论文就去CNKI中国知网。有垂直搜索引擎，就用垂直搜索引擎，比如搜视频去B站。

即便是使用百度，也要用比较小众的百度搜索。比如，有一款简单搜索App，界面简洁，功能强大，可以文字搜，可以语音搜，也可以拍照搜，发现儿童语音时还能自动进入儿童模式。这款App是百度旗下的产品，感觉比手机百度好用，而且李彦宏说"永远没有广告"。

> **Tips**
>
> 在选择搜索系统时，不仅要考虑系统提供的内容类型，还要考虑系统收录资源的范围。例如，同样可以查期刊论文，CNKI收录的主要是中文期刊论文，而Web of Science（缩写WOS）收录的都是外文期刊论文；同样可以查外文期刊论文，Springer和EBSCO收录的论文范围有明显的区别。
>
> 另外，还需要考虑资源系统的使用权限和全文的可获得性。尽管有很多基于互联网向公众开放的资源和资源系统，但由于商业化等因素，还是有不少信息资源和资源系统有权限限制。有些系统和内容是完全免费使用的，有些系统需要付费购买使用权，否则完全无法访问，有些系统可以免费搜索，但获取部分内容或获取全文内容需要付费。
>
> 在选择搜索系统时，用户自身的检索能力和偏好也是重要因素。用户对具体系统的熟悉程度、用户的外语水平等因素在一定程度上影响了用户对搜索系统的选择。在功能类似的情况下，用户倾向于选择自己熟悉的资源系统。

第二，学点搜索技巧。

选定搜索系统之后，需要把信息需求转化成具体的检索条件。现在的搜索系统功能越来越强大，大多数资源系统提供图形化的检索界面，个别系统支持基于检索表达式的专业检索。不同资源系统的检索条件设置界面有区别，但一般都支持常用的信息检索技术，如提供多个检索点，可以输入检索词，能够设置匹配方式等。所以使用上还是很人性化、"傻瓜式"的，几乎不用学习，上手就会。

不过，会点搜索技巧，你会事半功倍。

首先，搜索时要避免使用口语化的表达作为关键词，这会影响你搜到更多有效答案。例如，将"哈利波特在哪里可以下载"换成"《哈利波特》pdf"，效果就会好很多。

其次，检索需求不同，检索条件的设置有区别，检索条件的复杂程度也不一样。有些简单的场景，一个检索条件就能解决问题；而遇到复杂的检索需求，需要将多个条件进行组合。除了关键词，搜索指令可以让我们轻松缩小搜索范围，直达搜索目标。例如，前面搜索身份证号码校验Excel文件时，介绍的filetype用法。记住这些搜索技巧，搜索效率会显著提升。相关内容将在本书第18章详细介绍。

此外，还要注意使用布尔逻辑关系"与（AND）""或（OR）"和"非（NOT）"，它们的作用是体现输入内容之间的逻辑关系，连接各个关键词，构成一个有相应逻辑的检索式，相关内容也将在本书第20章详细介绍。

> **Tips**
>
> 不仅百度搜索时需要掌握搜索技巧，CNKI、WOS等平台同样有技巧。比如CNKI中的精确匹配和模糊匹配，词频限制、布尔逻辑检索等。不同的资源系统，搜索功能

不尽相同，因为系统提供的这些搜索功能关系到相关搜索技术的应用，具体能不能使用某些搜索技巧还要分平台而论。所以，在选择搜索系统时，可以根据自己的搜索需求，充分考虑这些系统的搜索功能能否满足搜索需要，如有哪些检索点，是否支持布尔逻辑检索、加权检索、位置检索、词频限制、匹配方式限制等检索技术。

3. 获取信息

获取信息是信息素养的第 3 种能力。

在输入搜索指令后，搜索系统会把结果呈现给我们。很多人会翻看很多页的搜索结果，其实，真正有效的信息一般都在前两三页。如果搜索结果前三页中没有你想要的信息，说明设置的搜索条件不准确，需要优化检索策略，重新搜索。

另外，不是所有搜索到的信息就一定能得到，例如有些网页上的文本、图片可能不支持下载，有时候我们可能需要批量下载互联网上的内容，等等。具体的解决办法我们将在第 19 章详细介绍。

4. 评价信息

评价信息是信息素养的第 4 种能力。

对网络信息进行评价，既包括对信息的评价，也包括对信息资源的评价。无论是评价信息，还是评价信息资源，都是通过搜索到的信息来评价。另外，更多时候，我们需要基于信息评价其他内容，如选择的搜索系统、使用的检索点、检索词、设置的检索范围、检索条件、匹配方式是否合理。对信息的评价，最常见的场景是反诈防骗。

不知道你有没有这种经历，微信群、QQ 群中经常有人转发一些耸人听闻的所谓"真相"，比如塑料紫菜、香蕉致癌、含胶面条等。当然，最后真相大白之后明白这些都是谣言，不可信。

网络上的信息鱼龙混杂，我们还需要提高警惕，防止诈骗和传销。其实，我们遇到任何不懂的事情，都可以通过搜索获取信息，例如通过搜索评价一本书、一门课、一篇文章、一部电影、一个人、一个公司，等等。也可以搜索别人的相关评价。当然，如果直接从具有权威的垂直和付费搜索系统中获取信息，会更可信，少走弯路。例如，多看央视的《是真的吗》，从新华社主办的中国食品辟谣联盟搜索识别谣言真相，在知乎中关注诈骗套路，从商务部直销行业管理官网查直销识别传销等。一般来说，任何一个行业（尤其是与民生息息相关的行业）发展到一定程度时，都会有专业垂直服务的应用，而且一般手机端会比 PC 端做得更好。

例如，有不少以辟谣为主题的微信公众号，提供谣言查询功能，输入关键词，即可查到相关谣言，如图 2-4 所示。再分享一个微信小程序——守护者计划。这是腾讯安全实验室提供的大数据反诈骗平台，通过这个平台，可以输入电话号码、银行卡、平台、网站进行搜索，一键识别传销、诈骗，如图 2-5 所示。你也可以通过这个平台对传销和诈骗进行举报。

图 2-4　以辟谣为主题的微信公众号

图 2-5　守护者计划小程序

5. 管理信息

信息素养的第 5 种能力是管理信息。互联网上的实用信息管理工具有很多，笔记、思维导图工具是比较常见的两类。

我们每天都会遇到很多有价值的信息或资源，比如听课写的笔记，开会做的记录，随手拍的照片，网上找的图片，微信公众号上的一篇文章，知乎上的一个回答，App 里的干货，脑子里突然冒出来的一个想法，等等。当时觉得很重要，一定要好好保存，然而过不了多久就忘得一干二净。发现好东西，感慨一下，然后又忘掉，等到要用的时候又找不到，这样的事情几乎每天都在发生，周而复始，不知道你有没有这种经历？

对于这些多来源、碎片化的资源内容，我们不能像猴子掰玉米一样边捡边丢，需要进行系统化的收集与整理，形成自己的个人知识库，并在收集和整理的过程中实现自身水平的提升。如何用这些多来源、碎片化的资源内容构建自己的知识管理系统呢？做到这一点，其实并不难，你需要两类软件——网络笔记和思维导图。

开会、听课、瞬间的灵感可以直接在笔记类软件中做记录，拍的照片、网上的图片、知乎及其他平台中的干货内容可以直接分享到笔记类软件，微信公众号中的文章可以先用浏览器打开后再分享到笔记类软件，也可以截图后分享。这样，你的笔记类软件中就会积累从各个渠道收集的内容了，下一步你需要做的就是用思维导图对这些内容进行整理。如果你能坚持每天睡觉之前用思维导图整理当天你收集的碎片化信息，你的进步将会更明显。

现在主流的笔记类软件有印象笔记、为知笔记、有道云笔记，还有微软大名鼎鼎的OneNote。这些笔记类软件，可以随时记录，支持多设备同步，可以快速查找所需，方便协作办公。用手机收集，在PC端打开，方便内容整理。图 2-6 所示的是为知笔记的界面效果。

图 2-6　为知笔记界面

笔记类软件的强项是记录，内容整理用思维导图更合适。根据需要建立自己的资源分类框架，图 2-7 所示的是我写作本书前建立的一个全书结构的思维导图，分为基础知识篇、学习资源篇、职场进阶篇、学术科研篇等分支，每个分支下面又增加更细化的分支。生活中的信息也只需要每天把当天收集到的内容补充到思维导图中，并根据内容调整思维导图的结构，慢慢就能积累很多优质内容了。

思维导图类软件比较多，MindManager、XMind都不错，尽管是收费软件，免费的功能也足够使用。手机端推荐使用幕布，不过，我建议思维导图在PC端使用，我最近用的是百度脑图。它完全免费，不仅支持在线编辑，云端存储，无须下载，方便实用，而且可以一键分享。

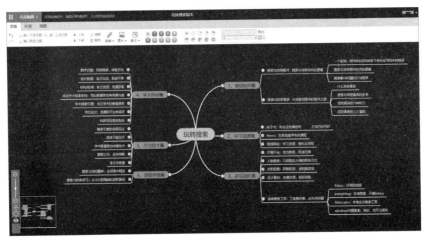

图 2-7　使用思维导图构建知识体系

> **Tips** 网络只是这个世界的一部分，有许许多多的信息没有被放到网上，遇到问题，都可以先搜索，不能通过网络解决的问题也需要我们找人脉、找线下会议或付费社群等渠道来获取信息，这些信息同样需要进行评价和管理。

6. 应用信息

信息素养的第 6 种能力是应用信息。有些时候找到信息可能问题基本就解决了，更多的时候找到信息才是开始，更关键的是应用信息。

我就遇到过一些小朋友，为了学英语，借了很多书，搜了很多网课，下了不少 App，找了不少习题，但没使用几天就不用了，最后还是不能解决问题。所以，有时候应用信息可能比搜索信息更重要。

这里，我想再强调一遍，本书中介绍的很多好用工具，希望各位读者能打开对应的网站或 App，浏览查看，或者按照书中步骤实操一下。只有亲自使用过，才能有所收获。好用的工具就在平时多使用，充分利用它们解决实际中遇到的问题。

2.4　信息素养的3个基础

介绍完信息素养的 6 种能力，接下来说一说信息素养的 3 个基础。

1. 信息知识

提升信息素养的第 1 个基础是信息知识。虽然很多信息知识具有较强的理论性，但搞清楚信息资源、搜索工具背后的理论逻辑，更有助于提高搜索的效率和质量，尤其是有助于我们创造性地基于信息解决问题。

例如，只有搞清楚搜索引擎背后的工作原理，我们在设计搜索关键词、分析搜索结果、调整搜索策略的时候才会游刃有余。

2. 信息伦理

信息伦理也是信息素养的一个重要基础。信息伦理包括多个方面，比如不制造信息垃圾，不使用网络暴力，不非法获取和传播别人的隐私信息，保护知识产权，遵守学术道德等。

本书的主题是搜索，这里强调一下，搜索信息时一定要注意保护知识产权，一定要注意保护隐私。

3. 信息意识

信息素养的第 3 个基础是信息意识。在我看来，在整个信息素养的框架中，信息意识最为重要。信息意识包括两个方面的内容，具体如下。

一个方面是，遇到新事物要敏锐，有通过搜索信息搞清楚的想法和欲望。比如看到某产品发布会的 PPT 中有一段录屏动画，如果自己觉得有用，就应该马上记下来，回去搜索攻略，掌握这个技巧。又比如书中提到了某个工具很有用，你就应该去搜索、安装，并进行实践。

另一个方面是，遇到问题要首先能够想到通过获取信息来解决。这个世界上比我们聪明的人很多，遇到问题，要想到通过搜索信息解决问题。

 本章小结

这一章我们主要介绍了与搜索密切相关的一个概念——信息素养。你需要记住信息素养的 3 个基础：信息知识、信息伦理、信息意识，以及信息素养的 6 种能力：确定信息需求、搜索信息、获取信息、评价信息、管理信息、应用信息。当下，具备一定的信息素养已经成为个人适应信息社会的必要条件。希望通过本章内容的学习，读者能在信息素养这个框架下重新认识搜索，并在实际应用中掌握搜索技能。

第2篇　学习资源篇

　　我们应该感谢生活的这个时代，可以通过互联网获取各种各样的学习资源。你想学任何东西，通过网络或多或少都能找到相关的内容。只要你想学，愿意努力，肯去探究，零基础开始学会一切，好像也不是没有可能。

　　本篇，我们将从电子书、MOOC、视频网站3个方面，结合具体的搜索案例，分别介绍与学习相关的资源、工具、方法和思维。学完本篇内容，希望你能通过自己的探究和努力，零基础学会任何想学的东西。

第 3 章

电子书：有合法免费的吗

多读书，读好书，通过读书获取系统性的知识，在这个知识碎片化的时代尤为重要。借书麻烦，买书太贵，找免费电子书吧。

如果你是在校的大学生，搜索电子书首选图书馆的数据库。多数图书馆购买了电子书数据库，超星、京东读书、Springer 等，图书馆网站上都有链接和操作说明。在校园网内可以直接下载，也可以在线阅读；在校外也没问题，安装一个 App 并绑定学号就可以了。

如果你已经毕业了，或者不在学校，没有这些数据库的使用权限，要查看或下载电子书，也可以通过下面提到的几种方式来实现。

3.1 HathiTrust数字图书馆：一个免费外文电子书数据库

最近，我在读原版翻译的《奥德赛》，总是感觉翻译的内容失真太多，尤其是涉及情感的部分，很难让人满意。为了感受原著的魅力，同时提高自己的英语阅读能力，我打算看原版。于是，我先通过百度搜索了解到《奥德赛》的原文名称是 *The Odyssey*。而就在搜索过程中，我发现这本书其实是有电子版本的。该怎样去找到图书的完整版本呢？在经历了一番搜索后，我发现了一个免费查找外文电子书的网站，而且不用担心知识产权问题——HathiTrust 数字图书馆。

HathiTrust 数字图书馆是由美国多所高校和谷歌等机构联合开发，于 2008 年开始建设的非营利性电子图书馆。目前该馆已有数字化文献 1700 万余册，其中有 2 万余册中文图书可供免费浏览下载。下面来看看如何在该图书馆中搜索 *The Odyssey* 英文电子书，具体操作步骤如下。

步骤 1 打开浏览器，❶在地址栏中输入官网网址，即可进入 HathiTrust 数字图书馆的首页界面；❷因为要找的是图书，为了搜索的结果更精准，可以使用 HathiTrust 数字图书馆的高级检索。这里单击 "Advanced full-text search" 超级链接，如图 3-1 所示。

> **Tips**　在 HathiTrust 数字图书馆的首页界面中有一个显眼的搜索框，其下方有两个单选按钮，用于设置检索词出现的位置。若选中 "Full-text" 单选按钮，将进行全文检索。若选中 "Catalog" 单选按钮，就只会在题录数据中检索。
>
> 　　另外，在下方还有两个高级检索链接。单击 "Advanced full-text search" 超级链接，将进入高级全文检索设置页面。单击 "Advanced catalog search" 超级链接，将进入高级题录检索设置页面。这两个设置页面的区别在于，提供的检索点不一样。由于这两个检索设置页面都提供

图 3-1　单击 "Advanced full-text search" 超级链接

"Title" 选项，即标题检索点，所以在本案例中任意单击一个超级链接都可以实现相同的目的。

步骤② 进入高级全文检索设置页面，❶在第一个下拉列表框中选择 "Title" 选项；❷在第一排第三个文本框中输入要搜索的检索词，这里输入 "The Odyssey"；❸在第一排第二个下拉列表框中选择 "this exact phrase" 选项，表示在检索过程中要保证第三个文本框中输入的两个单词是一个短语，必须同时出现，而且不能拆分；❹选中最下方的 "Full view only" 复选框；❺单击 "Advanced Search" 按钮，如图 3-2 所示。

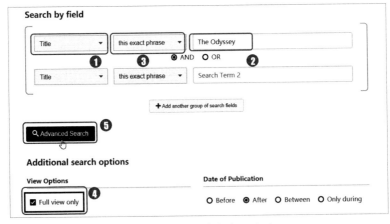

图 3-2　设置搜索内容和选项

在 HathiTrust 数字图书馆的高级全文检索设置页面中，第一个下拉列表框用于设置搜索的范围，如"Only Full-Text（仅全文）""Full-Text+All Fields（全文+所有字段）""Title（标题）""Author（作者）"等，如图 3-3 所示。第二个下拉列表框用于匹配限制，其中提供 3 种匹配方式，如图 3-4 所示。选择"all of these words"选项，表示检索包含所有检索词，例如本例中输入的"The"和"Odyssey"，只要这两个词都出现了就是符合条件的。选择"any of these words"选项，表示检索包含任意一个检索词，例如本例中输入的"The"和"Odyssey"，只要出现其中一个就是符合条件的。选择"this exact phrase"选项，表示检索的内容是一个短语，必须出现，而且不能拆分。

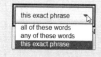

图 3-3　设置搜索范围　　　图 3-4　设置匹配方式

图 3-2 所示界面最下方的"Full view only"复选框，其作用是全文限制，建议选中。如果不选中该复选框，检索到的内容会比较多，有些可以获取全文，有些不能获取全文，只能看题录。选中该复选框后，检索到的结果都是能获取全文的。

步骤 3　经过上步操作后，就可以搜索到所有标题中包含"The Odyssey"的电子书，如图 3-5 所示，提示找到 411 条结果。每一条结果数据，不仅包括书名、出版日期、作者等信息，而且还提供"Catalog Record"和"Full View"两个超级链接。单击"Catalog Record"超级链接，可以查看对应的题录数据。单击"Full View"超级链接，可以获取对应的全文链接。这里选择一本想要查看的电子书，并单击其提供的"Full View"超级链接。

图 3-5　单击"Full View"超级链接

步骤 4　经过上步操作后，就进入了所选电子书的全文预览界面，并在右侧的预览界面下方显示一排功能按钮，如图3-6所示，在其中可以看到这本书一共有498页，目前预览的是该书第9页的内容。通过单击这些功能按钮，还可以放大/缩小页面显示比例、实现翻页等操作。

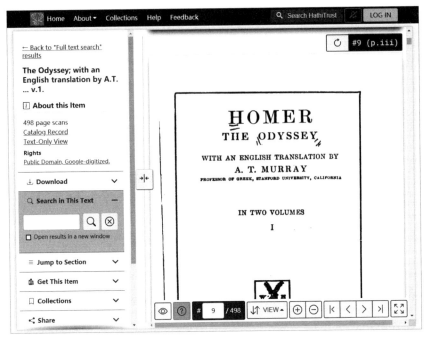

图 3-6　预览全文

Tips　在HathiTrust数字图书馆的电子书预览界面，你可以通过左侧的菜单命令进行电子书的下载、内容搜索、分区跳转、项目获取和分享等操作。

步骤⑤　如果要下载预览的这本电子书全文，可以❶在页面左侧栏中选择"Download"选项，并展开下方的设置内容，如图3-7所示；❷在"Format"栏中可选择PDF、txt、JPEG、TIFF 4种格式的电子书，可根据需要选择下载；❸单击"Download"按钮即可。

Tips　如果没有登录HathiTrust数字图书馆的用户账号，下载电子书时只能下载当前预览页。只有登录了用户账号，才能一次性下载完整的一本书。但是，只有HathiTrust数字图书馆的合作机构的成员才可能登录用户账号，而这个平台的合作机构主要是欧美的一些图书馆，以高校图书馆居多，在登录的地方可以看到具体机构的明细。不登录用户账号，虽然不能一次性下载整本书，但在线浏览全文是没有问题的，而且可以一页一页地进行下载。

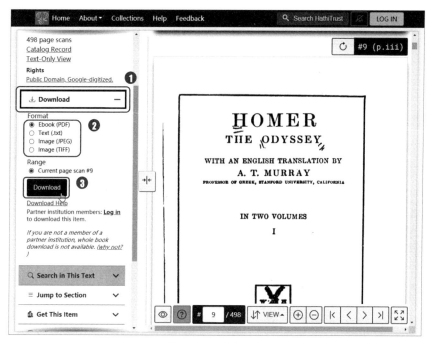

图 3-7　下载电子书

同步训练 搜索有关"教育改革"方面的英文电子书

操作提示:

❶ 进入 HathiTrust 数字图书馆的首页界面;

❷ 单击"Advanced full-text search"超级链接，进入高级检索界面;

❸ 以"education reform"为关键词进行搜索，注意设置选择检索点为
"Title"，匹配限制方式为"this exact phrase"。

3.2　国家中小学智慧教育平台: 免费获取中小学课本电子版

　　前段时间有位同学告诉我，他要跟着导师研究一个当前我国大陆地区中小学教材相关的课题，需要查看国内所有的中小学教材。我帮他分析了一下，这其实涉及两个问题：第一个问题，首先要搞清楚目前我国大陆地区中小学教材有哪些具体的版本；第二个问题，如何获取这些课本的全文。

　　要解决第一个问题，搞清楚教材的版本，就已经很麻烦了，后期如果全部通过购买来获取这些课本，不仅成本高，而且比较麻烦。于是，我想到了找电子书。接着就在手机上搜索起来，在此过程中看到有信息提及"国家中小学智慧教育平台"，再用百度搜索，很容易就找到了这个网站，如图 3-8 所示。

图 3-8　搜索"国家中小学智慧教育平台"

其实，国家中小学智慧教育平台，是国家智慧教育公共服务平台下的一个子链接。在"国家智慧教育公共服务平台"页面上单击"中小学智慧教育"选项卡，也可以打开"国家中小学智慧教育平台"网页，如图 3-9 所示。

图 3-9　国家智慧教育公共服务平台

国家智慧教育公共服务平台于 2022 年 3 月 28 日正式上线启动。该平台是由我国教育部指导，教育部教育技术与资源发展中心（中央电化教育馆）主办的，其中聚合了国家中小学智慧教育平台、国家职业教育智慧教育平台、国家高等教育智慧教育平台、国家 24365 大学生就业服务平台等，可提供丰富的课程资源和教育服务，而且里面的资源都是完全免费的。

接下来就让我们看看如何在这个官方平台上帮助我的那位同学免费获取中小学课本的全文电子版，具体操作步骤如下。

步骤 ① 打开浏览器，进入国家中小学智慧教育平台的首页界面，单击上方的"教材"选项卡，如图 3-10 所示。

图 3-10　单击"教材"选项卡

步骤 ② 经过上步操作后，就会进入一个新的页面，如图 3-11 所示。可以看到，这是一个导航页面，在页面左侧可以选择中小学的具体学段，系统给出了小学、初中、高中三个学段，小学和初中又根据学制分别给出了两种类型。在左侧选择具体的学段后，页面右侧会列出这个学段对应的学科、版本和年级信息，用户根据需要进行选择即可。这里我们❶在页面左侧选择"小学"选项；❷在页面右侧的"学科"栏中选择"语文"选项；❸在"年级"栏中选择"三年级"选项，如图 3-11 所示。

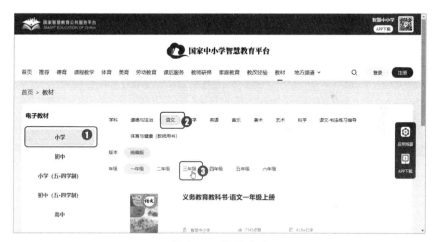

图 3-11　设置选项

步骤 ③ 经过上面的选项设置，就会在页面中显示符合条件的具体教材。单击想要查看的教材对应的超级链接，这里单击"义务教育教科书•语文三年级上册"超级链接，如图 3-12 所示。

图 3-12 选择要查看的电子书

步骤④ 打开新的页面，就可以预览选择的对应教材电子版了，如图 3-13 所示。可以看到，这本书一共有 130 页，拖过滚动鼠标滚轮就可以依次向后滑动查看该书其他页的内容了。

图 3-13 查看电子书内容

Tips 我国中小学的课本，在国家中小学智慧教育平台上都能找到，而且都能查看全文内容。实际上，国家中小学智慧教育平台是教育部主导推出的一个重要资源平台，通过信息技术与教育教学的深度融合，为广大中小学校、师生、家长提供专业化、精品化、体系化的资源服务，更好服务"双减"、落实"双减"。

教材只是国家中小学智慧教育平台上的一类资源，除此之外，这个平台上还有中小学课程教学、德育、美育、劳动教育等多种教学类型的教学资源，其中就包括完整的 K12 课程教学视频，都是名师主讲，很值得推荐。

同步训练　查看人教版七年级上册生物图书的目录

操作提示：

❶ 进入"国家智慧教育公共服务平台"的首页界面；

❷ 单击"教材"选项卡；

❸ 在导航页面左侧选择"初中"选项；

❹ 在页面右侧的"学科"栏中选择"生物学"选项；

❺ 在"版本"栏中选择"人教版"选项；

❻ 在"年级"栏中选择"七年级"选项；

❼ 在下方单击"义务教育教科书·生物学七年级上册"超级链接即可。

3.3　鸠摩搜索：专搜免费电子书

有没有喜欢历史的朋友？越是难以追溯的朝代故事越是吸引人，建议你可以先看看《史记》。其中记载了上至上古传说中的黄帝时代，下至汉武帝元狩元年间共 3000 多年的历史（哲学、政治、经济、军事等）。当然，也可以搜索该书的电子版本进行查阅。

接下来为大家推荐一个电子书垂直搜索引擎——鸠摩搜索。使用鸠摩搜索找到《史记》的免费电子版，具体操作步骤如下。

步骤 1　打开浏览器，进入鸠摩搜索的首页界面，❶在搜索框中输入要找的书名"史记"；❷单击"Search"按钮，如图 3-14 所示。

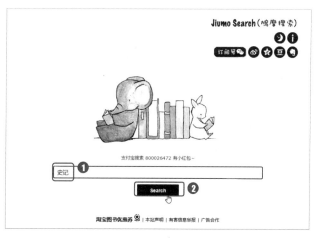

图 3-14　搜索"史记"

步骤 2 进入新的页面，在其中会显现搜索到的多个文件，其中包括9个PDF文件，3个TXT文件、1个MOBI文件，还有3个其他类型的文件。单击需要查看的文件链接，如图3-15所示。

图 3-15　单击要查看的电子书超级链接

步骤 3 弹出提示框，根据提示输入验证码，稍等片刻后，在新弹出的提示框中单击"已验证真人使用，点此前往下载页面"超级链接，如图 3-16 所示。

图 3-16　确认切换到下载页面

步骤 4 即可跳转到对应的下载页面，这里打开的是百度网盘，说明这是保存在百度网盘中的电子书。在预览界面中可以查阅该电子书的所有内容，单击上方的"下载"按钮，如图 3-17 所示。

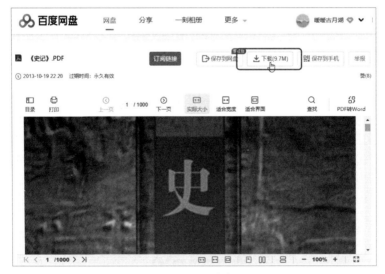

图 3-17　下载百度网盘中的电子书

步骤 5 弹出"新建下载任务"对话框，❶在其中设置下载后文件的保存名称和保存位置；❷单击"下载"按钮，如图3-18所示。

图3-18　设置下载文件信息

步骤❻ 通过上步操作后，就将选择的电子书文件保存到本地计算机中了。双击下载的文件图标，即可用系统默认的程序打开该文件，如图3-19所示。

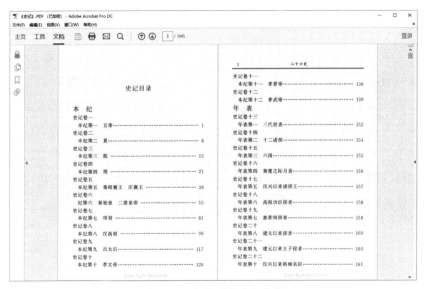

图3-19　查看下载的电子书

Tips 通过鸠摩搜索搜到的内容基本上都是电子书，而且是来自百度网盘、新浪微盘等别人保存在云盘并公开分享的电子书。当别人把资源放在云盘中，实际上就相当于经过了一次人工筛选和整理，把自己云盘中的东西公开分享出来，其实又是一种筛选，所以，云盘中公开分享的资源质量相对比较高。而且云盘中的资源，下载一般比较稳定。

Tips 鸠摩搜索除了可以搜索免费电子书外，有时候还可以搜索到其他内容。例如，在本案例中，搜索页面的右侧就显示了搜索到的有声书朗读和视频等。单击对应的超级链接，就可以跳转到相应的页面，有些可以直接播放，有些还提供下载。

同步训练 搜索有关"宏观经济学"方面的电子书

操作提示：

❶ 进入鸠摩搜索的首页界面；

❷ 在搜索框中输入要找的书名"宏观经济学"；

❸ 查看搜索到的电子书内容，同时可以注意一下右侧栏中还显示了除电子书外的哪些结果；

❹ 单击需要的超级链接查看对应的内容。

 本章小结

这一章我们主要介绍了 3 个搜电子书的工具。如果你要找免费的英文电子书，可以试试 HathiTrust 数字图书馆。这个系统支持布尔逻辑、匹配限制等高级检索功能，用起来还是很方便的。如果你要找中小学课本电子书，强烈推荐国家中小学智慧教育平台，该平台是教育部官方出品，权威可靠，而且提供的资源很多，其中就包括视频课程。如果你要找普通的中文电子书，可以使用鸠摩搜索，它可以帮你搜索到来自百度网盘、新浪微盘等平台的电子书资源，包括 PDF、MOBI、EPUB 等多种格式的电子书。

第4章

MOOC：在家也能学名校课程

还在上学的人中，有些人可能后悔没有考上北大、清华，有些人可能抱怨没有出国留学的机会，有些人可能觉得自己的老师讲的课不好。过早步入社会的人，很多时候把读书等同于学习，等同于上学，甚至等同于接受教育，但是有些人靠自己就是学不进去，或者学了就忘。有一部分人就会通过考证来增加学习的动力，最终实现自主学习。

推荐大家通过MOOC（慕课）来学习，MOOC是最近几年才流行起来的一种视频课程。相对于其他视频课程，MOOC课程要做作业、参加考试，能获得证书，所以学习体验较好，而且总体课程质量也比较高。国内外的MOOC平台很多，比如中国大学MOOC、学堂在线、智慧树、edX、Coursera、Udacity等。这些平台上虽然有部分收费课程或收费功能，但免费课程还是占主流。

本章就来介绍几个常用MOOC平台的具体使用方法。

4.1 中国大学MOOC：中国慕课平台的老大

一个朋友的孩子从小牙齿就不太好，可是她就读的大学并没有医学方面的专业。这天她听说隔壁大学医学院开了一门口腔方面的课程，就打算去蹭课学习相关知识。

这事被我听说后，就直接劝退了。去隔壁学校蹭课不仅需要来回奔波，还要调整自己的时间与上课时间同步，时间和精力上都要付出很多，不如直接找网课，说不定还能找到更好的课程资源。

于是，我给她推荐了中国大学MOOC，它既是一个网站又是一个App，里面有几千门各高校的优质在线课程，而且还在不断扩充，绝大部分课程都可以免费学习。下面以比较小众的口腔课程为例，进行搜索演示，具体操作步骤如下。

步骤 ① 打开浏览器，❶用百度搜索中国大学MOOC的网站，进入其首页界面；❷在搜索框中输入"口腔"；❸单击后面的搜索按钮🔍，如图4-1所示。

图 4-1 在中国大学 MOOC 平台搜索"口腔"

**步骤② ** 转到搜索结果界面，可以看到有很多大学的口腔相关课程，选择需要查看的课程选项，如图 4-2 所示。

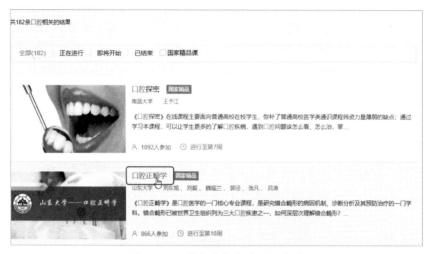

图 4-2 选择需要查看的课程选项

> **Tips** 基本上大学开的课程 90% 以上都可以在中国大学 MOOC 平台上找到同名或类似的课程。

**步骤③ ** 进入所选课程主页，单击"立即参加"按钮，如图 4-3 所示。如果是第一次使用中国大学 MOOC，则需要先注册登记，这里不再赘述详细步骤。

图 4-3 单击"立即参加"按钮

步骤④ 顺利报名课程后会弹出提示框，单击"直接进入学习"超级链接，如图 4-4 所示。接着系统会提示你可以扫码关注微信公众号，获取课程测验、作业、考试时间的提醒。

图 4-4 单击"直接进入学习"超级链接

步骤⑤ 选课成功后，❶单击新界面左侧的"课件"选项卡，就可以切换到视频课件界面；❷在右侧选择需要查看的课程名称超级链接，如图 4-5 所示，即可打开对应的视频页面查看具体的课程内容了。

图 4-5 查看具体课程内容

Tips 部分课程后面还提供课后问答、课后讨论等环节，这表示该课程不仅需要查看视频讲解，还需要在课后按时完成作业，参与讨论。有些还需要考试，各环节都会计入课程的总分，只有综合成绩超过 60 分时，才可以得到这门课程的合格证书。

> 中国大学MOOC上的课程全部可以免费学习、做作业、参与讨论、参加考试。如果选择付费学习，则在完成学习并通过考试后可以得到中国大学MOOC颁发的证书。

同步训练 在中国大学 MOOC 的 App 中搜索有关"职场礼仪"的课程

操作提示:

❶ 手机上安装中国大学MOOC的App；

❷ 进入中国大学MOOC的首页界面；

❸ 以"职场礼仪"为关键词进行搜索，找到自己感兴趣的课程并报名学习。

4.2 学堂在线：不只是清华的课程

佟女说在PC端浏览器中学习网课不太方便，比如有时外出就没办法按计划进行学习。我给她推荐了中国大学MOOC，其在手机端也可以登录App学习了。此外，我又给她介绍了一个慕课平台——学堂在线，这次我用手机给她演示，让她自己研究和操作。

学堂在线是清华大学于2013年10月发起建立的慕课平台，目前上线了来自清华大学、北京大学、复旦大学、中国科技大学，以及麻省理工学院、斯坦福大学、加州大学伯克利分校等国内外一流大学的优质课程，课程数量超过1900门。可以免费学习，也可以付费学习，可以在PC端通过浏览器学习，也可以在手机上安装App进行学习。

下面是我在手机上通过学堂在线App搜索"信息素养"课程的过程，具体操作步骤如下。

步骤 ① 打开手机应用商店，❶在搜索框中输入"学堂在线"；❷单击"搜索"超级链接；❸在搜索结果列表中找到需要安装的"学堂在线"应用；❹单击后面的"安装"按钮，如图4-6所示。

步骤 ② 安装学堂在线应用后，点击图标进入学堂在线，这个App的首页如图4-7所示，点击右下角的"我的"图标。

步骤 ③ 进入管理界面，点击左上角的头像，如图4-8所示。

图 4-6　搜索并安装　　　图 4-7　学堂在线首页　　　图 4-8　管理界面
"学堂在线"应用

步骤④ 进入登录界面，系统提供微信登录、QQ登录和微博登录等快捷登录方式。
这里选择微信登录，❶点击选中下方的同意安装单选按钮；❷点击"微信
登录"按钮，如图 4-9 所示。

> **Tips** 在该界面中点击"其他方式登录"，可以选择其他登录方式。也可以点击"注册"
> 按钮，注册学堂在线平台的账号。

步骤⑤ 系统自动关联手机中登录的微信信息，并弹出提示信息界面。点击"允许"
按钮，如图 4-10 所示。

步骤⑥ 登录后就可以回到首页查找课程了。点击首页最上方的搜索框，如图 4-11
所示。

步骤⑦ ❶输入要搜索课程的关键词，如"信息素养"；❷点击"搜索"按钮后返回
多个搜索结果，点击四川师范大学的"信息素养与终身学习"这门课程，
如图 4-12 所示。

图 4-9　用微信快捷登录　　图 4-10　允许获取微信信息　　图 4-11　搜索课程

步骤⑧ 进入课程主页，在该页面可以看到课程简介、课程主讲、具体章节目录、考核方式等内容。下面有"免费"和"立即选课"两个按钮，选择"免费"即可免费学习；如果点击"立即选课"按钮，在弹出的列表中可以选择免费学习或认证学习，两者的区别除了费用之外，就在于部分学习内容的查看权限、作业是否批改、是否参与讨论交流和颁发证书。大家根据自己的需求选择就行，这里点击"免费"按钮，我们先查看一下这堂课的内容，如图 4-13 所示。

步骤⑨ 进入学习界面，该界面提供"课件""讨论""公告""成绩"4 个选项卡。在"课件"区可以选择具体的视频课件和文本课件进行学习，如图 4-14 所示。在"讨论"区可以参与讨论交流，所有的学习任务完成后，还可以参加期末考试。"公告"区是老师发布的一些公共告知信息。在"成绩"区，可以查看系统根据学习过程、作业完成情况及考试结果给出的这门课程的具体成绩明细。最后成绩如果及格，就可以拿到证书了。

> **Tips** 学堂在线慕课平台中的课程分为两类，一类是自主课程，另一类是已开课。其中自主课程指这门课程一直在线，随时可选可学。而已开设的课程是按学期根据一定节

奏陆续上线的，每一学期结课后，需要等到下一学期开始才能根据进度学习。如果你想更自由安排自己的学习，选择自主学习课程更合适；如果你想享受类似于大学那样一周一节的课程进度，就选择按学期开课的课程。

图 4-12　选择课程

图 4-13　了解课程内容

图 4-14　学习课程内容

同步训练　登录学堂在线，实现手机和计算机同步学习

操作提示：

❶ 进入学堂在线 PC 端的首页界面；

❷ 登录自己的账号；

❸ 以"信息素养"为关键词进行搜索，或直接查看自己添加的课程，实现手机和计算机同步学习。

4.3　智慧树：共享优质教育资源

除了前面介绍的两个慕课平台，我还想给大家推荐一个不一样的——智慧树。智慧树是一个综合性的在线课程平台，同样支持 PC 端和手机端学习。收录的课程涉及研究生、本科生、职业教育、中小学等多个教学层次，还涉及一些热门课程和兴趣课等。例如，我们要查看一门职业教育基础公共课，具体操作步骤如下。

步骤① 进入智慧树网站首页，向下滑动显示顶部的搜索条，❶单击页面左上角的"全部频道"按钮；❷在弹出的下拉列表中就可以看到智慧树这个平台上的各种课程资源了，这里选择"职业教育课"选项，如图4-15所示。

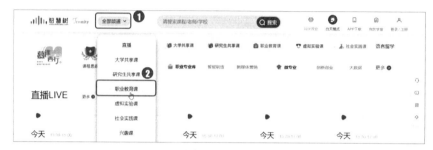

图4-15 选择"职业教育课"选项

步骤② 进入"职业教育课"页面，上方有一些筛选条件，可以从学科、类别、层次等多个维度筛选课程。❶这里在"层次"中选择"高职高专"选项；❷在"类别"中选择"公共基础课"选项；❸在下方选择一门感兴趣的课程，这里单击"花道——插花技艺养成"选项，如图4-16所示。

图4-16 筛选需要的课程

> **Tips** 在搜索结果页面，可以看到课程名称、主讲教师、开课高校、选课人数、运行学期等信息。图上有"国家级"标志的，说明这是一门国家级精品在线开放课程，或者是国家级线上一流课程，通俗地讲就是国家级金课。

步骤③ 进入所选课程的详情页面，在其中可以看到课程的更多信息，如图4-17所示。注意查看"累计学校687所"，说明这门课被687所高校正式选用过。

下方还显示"本学期对公众开放学习"，说明这门课这学期是可以免费学习的，单击右侧的"去学习"按钮。

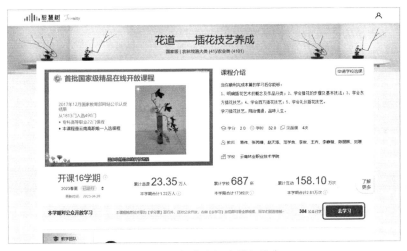

图 4-17　查看课程的详细信息

步骤 ④　此时就可以对所选课程进行学习了，如图 4-18 所示。当然，选课学习之前要先登录，如果没有登录账号可以先注册，注册账号是完全免费的。

图 4-18　学习课程内容

Tips　智慧树慕课平台中不同的课程资源提供的导航筛选条件会不一样，例如大学共享课可以从学科、分类、学校等多个维度筛选课程。除了可以通过导航逐步点开具体的频道，学习感兴趣的课程，还可以在搜索框中输入课程名称、老师姓名，或者学校名称直接进行搜索。

同步训练 在智慧树查看"985"学校提供的优质国家金课

操作提示：

❶ 进入智慧树的首页界面；

❷ 进入"大学共享课"页面；

❸ 以"国家金课""公共必修课""985""选课学生最多"等标签为筛选条件进行搜索；

❹ 在搜索结果列表中选择自己感兴趣的课程进行学习。

4.4　学银在线：见证您的终身学习轨迹

找免费在线课程，还可以试试学银在线。这个平台上有大量在线课程资源，只要注册登录后，绝大部分课程可以免费学习。学银在线主要收录了研究生、本科、高职、中职等多个层次的课程，其中国家一流课程、省级一流课程，通过课程封面上的标志就可以识别。

在学银在线平台上筛选课程的操作与智慧树类似，例如，要查找国家一流的本科经济学课程，具体操作步骤如下。

步骤❶ 进入学银在线网站首页，单击页面顶部的"课程"超级链接，如图 4-19 所示。

图 4-19　进入课程筛选页面

步骤❷ 进入课程筛选页面，上方提供了一些筛选条件，可以从课程类型、层次、学科三个维度筛选课程。这里❶在"课程类型"中选择"国家一流课程"选项；❷在"层次"中选择"本科"选项；❸在"学科"中选择"经济学"选项；

❹下方符合条件的课程就筛选出来了，在其中选择一门感兴趣的课程，这里单击"2023春季国际金融"选项，如图4-20所示。

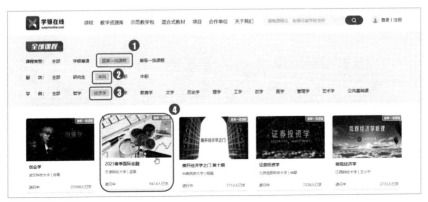

图4-20 选择要学习的课程

步骤③ 进入所选课程的详情页面，在其中可以看到课程的更多信息，如图4-21所示。单击"加入课程"按钮就可以开始学习了。当然，加入课程需要登录，没有账号可以免费注册。其实，不注册登录，部分课程也提供了试读的章节，单击后面的"试读"按钮就可以观看了，方便大家做出是否进一步系统学习的判断。

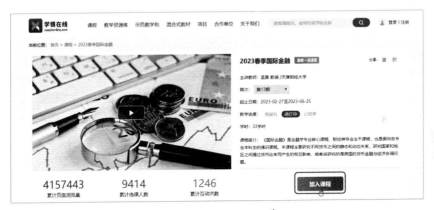

图4-21 加入课程开始学习

Tips 想要知道学银在线平台上有没有需要的课程，可以在页面右上角的搜索框中输入具体关键词进行搜索。

同步训练 在学银在线平台试读北京大学朱孝远老师主讲的课程《欧洲文明概论》

操作提示：

❶ 进入学银在线的首页界面；

❷ 以"欧洲文明概论"为关键词进行搜索；

❸ 单击课程名称，进入课程的主页；

❹ 单击"加入课程"按钮；

❺ 查看课程章节，单击提供试读部分的"试读"按钮，如图 4-22 所示；

图 4-22　试读课程的部分章节内容

❻ 打开对应节的视频，进行查看。

4.5 国家高等教育智慧教育平台：全网好课，一网打尽

自从了解慕课后，陆陆续续又发现了好多慕课平台，中国大学慕课、学堂在线、智慧树、学银在线……那么，到底哪个慕课平台更好？

其实，国内类似的慕课平台有几十个，这些平台都有自己的搜索入口。输入一个关键词就能返回搜索结果，这样的搜索虽然很方便，但也有一个问题，慕课平台提供的搜索其实是站内搜索，只能搜自己平台的东西，例如，学堂在线中肯定找不到中国大学慕课的内容，同样，中国大学慕课中也不能搜索学堂在线的课程。所以，上述问题是不能得到准确回答的。

各慕课平台之间不能联通，形成了信息孤岛。要找全一些慕课课程，或者搜索一些小众慕课，就需要在多个慕课平台上分别搜索。这样的搜索费时费力，效率不高。那么，能不能实现跨平台搜索慕课呢？

带着这样的问题去寻找解决方法，还真让我找到了。接下来就为大家介绍这样一个入口，帮你搜遍全网好慕课——国家高等教育智慧教育平台。

国家高等教育智慧教育平台聚合了几十个慕课平台的课程信息，提供跨平台搜索方案，一个入口就能搜索全网好课。例如，要搜索漫画方面的国家线上一流课程，具体操作步骤如下。

步骤①　❶在百度中搜索"国家高等教育智慧教育平台"，进入国家高等教育智慧教育平台网站首页；❷在搜索框中输入关键词"漫画"；❸单击右侧的"搜索"按钮，如图 4-23 所示。

图 4-23　输入搜索关键词

步骤②　在新页面中列出了找到的相关课程，注意上方提供的筛选条件有两类，一类是课程类别，另一类是开课平台。可以看到，这里列出了中国大学慕课、学堂在线、学银在线等平台，也就是告诉你搜索到的这些慕课分别来自不同的慕课平台，单击这些平台名称时，结果中可以看到来自对应平台的搜索结果。这里我们要找的是国家线上一流课程，单击"课程类别"中的"一流课程"选项，如图 4-24 所示。

图 4-24　筛选课程

> **Tips**
>
> 课程名称缩略图中有"一流课程"标志的，说明是国家级线上一流课程。

步骤③ 此时只搜索到了一门符合筛选条件的课程，它是东北大学的漫画入门课程，来自中国大学MOOC平台。单击课程名称，如图4-25所示。

图4-25 选择需要查看的课程

步骤④ 在新界面中可以看到所选课程的详细信息，包括课程简介、课程大纲、开课时间等。单击"现在去学习"按钮，如图4-26所示。

图4-26 单击"现在去学习"按钮

步骤⑤ 跳转到新的页面中，此时已经不在国家高等教育智慧教育平台了，而已进入中国大学MOOC网站中的页面。单击"立即参加"按钮，就可以免费学习了，如图4-27所示。

图 4-27 切换到对应的慕课平台开始学习

现在你明白了吧，国家高等教育智慧教育平台本身并不保存这些视频课程，要学习课程还是要进入具体的慕课平台，它其实是一个专门搜索慕课的垂直搜索引擎。

同步训练 通过国家高等教育智慧教育平台搜索"大学语文"相关课程

操作提示：

❶ 进入国家高等教育智慧教育平台的首页界面；

❷ 在搜索框中输入"大学语文"；

❸ 根据自己的需求筛选课程；

❹ 选择需要查看的课程，并进入对应的慕课平台进行学习。

 本章小结

互联网上的学习资源有很多，慕课是其中比较重要的一类。免费开放的慕课资源不仅质量高，而且规模大，是系统学习的好帮手。尤其大学开设的课程绝大部分都能找到一门或多门同名慕课。搜索慕课时可以先到国家高等教育智慧教育平台这个专搜慕课的垂直搜索引擎搜索，然后到具体的慕课平台学习课程内容。通过国家高等教育智慧教育平台可以搜索国内 20 多个慕课平台的课程，包括国内用户最多、课程资源最丰富的中国大学MOOC、免费试听课程最多的学堂在线、综合课程平台智慧树和学银在线等。不过各个平台的搜课和学习方法还是需要掌握的，毕竟国家高等教育智慧教育平台并不保存具体的视频课程内容，需要在各平台进行课程学习。

第 5 章

视频网站：学习资源，等你去发现

在这个信息化的时代，学习的重要性不言而喻。通过电子书和慕课进行系统化的学习虽然很重要，但需要抽出大段的时间和精力来学习。而在知识碎片化、学习碎片化……一切都碎片化的现在，人们很少有大段连续的时间用于学习。

想要快速了解和学习某个知识点或相关内容，还是很容易实现的。本章将为大家介绍一些以视频为主要形式、适合国人查看的、具有代表性的学习网站。

5.1 网易公开课：汇聚全球名校网课

视频公开课由麻省理工学院 2001 年提出并率先实施的公开课项目，早期是将学校里的课程放在互联网上，供世界上所有人免费学习。随着互联网的发展，以视频为主要形式的公开课得到了受众的欢迎，逐步发展为向社会公众免费开放的在线视频课程或讲座类视频。

提到公开课，你首先想到的可能是门户网站网易推出的网易公开课，里面收录了国内外多个知名高校的公开课程，如哈佛大学、牛津大学、耶鲁大学等，还引入了 TED、可汗学院、Coursera 等国际知名课程项目，而且国外课程加上了中英文字幕供学习者使用。目前，该平台内容涵盖文学、数学、哲学、语言、社会、历史、教育等诸多领域，并提供站内检索，其公开课资源完全免费，不用注册登录即可播放，开放程度较高。

网易公开课既有 PC 网页版，也有手机 App，能够满足多种学习场景。既可以按照学校、学科进行导航查找，也可以直接一站式搜索，非常方便。

最近，我在学习英语，想顺带了解国外学校的课程讲解方式，便想到了直接查看国外的上课视频。下面来看看如何在网易公开课中查看麻省理工学院的公开课，具体操作如下。

步骤 ① 打开浏览器，❶搜索进入网易公开课的首页界面；❷因为要找麻省理工学院的公开课，这里单击顶部的"国际名校公开课"选项；❸在下方显示的知名大学的名称里选择"麻省理工学院"选项，如图 5-1 所示。

图 5-1　选择要查看的学校名称

步骤 ② 进入麻省理工学院页面，下方列举了麻省理工学院的课程，这里任意选择一门课程，如"多变量微积分"，如图 5-2 所示。

图 5-2　选择需要学习的课程

步骤 ③ 进入对应的课程页面，系统会自动播放第一集视频的内容，全英文课堂教学有中英文字幕，可以倍速播放。在页面右侧可以看到这门课由 17 个视频组成，单击右侧的课程视频名称，如图 5-3 所示，可以跳转播放对应的视频内容。

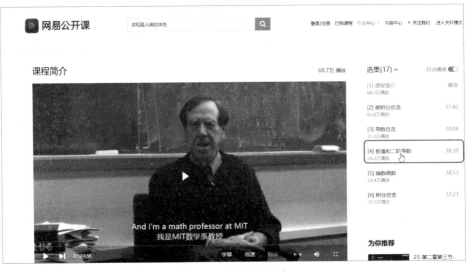

图 5-3　查看课程内容

> **Tips** 网易公开课中的课程都经过了严格的筛选，课程质量较高，而且课程资源完全开放。用户不需要注册登录，就可以直接查看具体的视频内容，真的是"随时随地免费上名校"。登录后可以参与课程的评论。
>
> 如果使用网易公开课的手机App版，还可以使用缓存功能，即将视频下载到手机上，以后可以随时观看，无须联网。

> **Tips** 除了网易公开课，还有不少视频公开课的平台。国外不少知名高校提供本校公开课的免费学习，比如麻省理工、斯坦福等大学都有自己的免费公开课平台。也有一些平台，整合了多个全球知名高校的公开课，用户可以登录这些网站或者App免费学习，比如Open Education Consortium、Academic Earth、iTunes U等。

同步训练 在网易公开课中学习《儿童发展心理学》

操作提示：

❶ 进入网易公开课的首页界面；

❷ 根据需要选择要学习的课程内容类别，如"心理"；

❸ 选择需要查看的具体课程，如"马里兰大学《儿童发展心理学》"；

❹ 单击"立即播放"按钮，进入课程讲解页面查看课程内容。

5.2 可汗学院：全球老师和孩子都爱用的教学网站

用英语学其他知识很不错，比如，可以一边学数学知识，一边提升英语水平。那哪里去找英文原版的小学数学课程呢，推荐大家试一试可汗学院。

可汗学院是一个网页，当然也有手机App。它是由孟加拉裔美国人萨尔曼·可汗创立的一家教育性非营利组织，主旨是利用网络视频进行免费授课，内容涉及数学、历史、金融、物理、化学、生物、天文学等多个学科科目，涵盖大学和中小学多个学习阶段。

下面以在可汗学院查看小学三年级数学知识为例，讲解该网页的具体使用方法。

步骤 1 打开浏览器，搜索进入可汗学院的首页界面，单击界面左上角的 "Courses" 按钮，如图 5-4 所示。

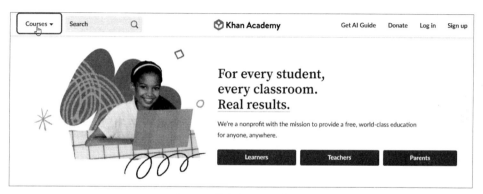

图 5-4 单击 "Courses" 按钮

> **Tips**
>
> 可汗学院网页的首页界面中有 3 个醒目的按钮，是提供给用户选择身份的，其中 "Learners" 是以学习者身份登录，"Teachers" 是以教师身份登录，"Parents" 是以父母身份登录，不同身份登录后的界面也有所区别。
>
> 不登录账号，也可以直接在搜索框中输入需要的课程关键词搜索课程。

步骤 2 进入课程导航界面，在其中可以看到提供的小学阶段的数学课、阅读与语言艺术课、高中和大学阶段的数学课，还有科学、计算机、经济、人文、艺术等方面的课程。选择 "MATH:PRE-K-8TH GRADE" 栏中的 "3rd grade" 选项，即小学 3 年级的数学课，如图 5-5 所示。

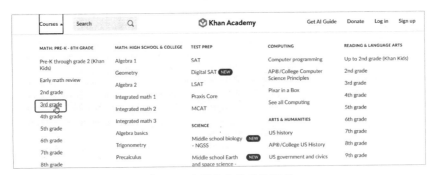

图 5-5 选择需要学习的课程

步骤 ③ 进入 3 年级数学的课程主页，❶左侧是目录导航，可以根据需要选择指定的章节，这里选择"Intro to division"选项；❷在右侧可以看到该单元包含了 8 个知识点，其中第一个是"Division into"，选择这个知识点，如图 5-6 所示。

> **Tips** 在可汗学院中可以免费看英文原版视频课程，也可以做题目，而且具有完整的知识体系，尤其是小学数学课程非常优秀。

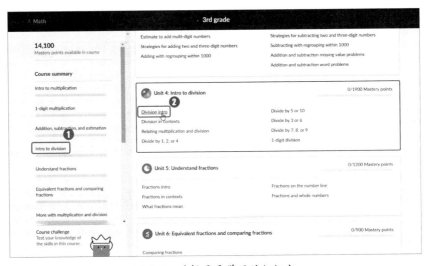

图 5-6 选择需要学习的知识点

步骤 ④ 进入具体的课程讲解视频界面，查看知识讲解即可，如图 5-7 所示。

> **Tips** 部分讲解视频下方有"Store"按钮，单击可以进入练习界面，单击"Let's go"按钮就可以开始答题了，做完一个题目后单击"Check"按钮进行检查并进入下一道题的解答即可。

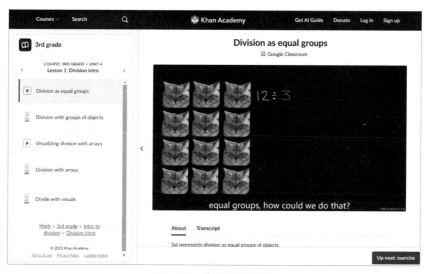

图 5-7　学习课程内容

> **Tips**　如果看不懂英文，还可以进入可汗学院官方的中文版网站，里面的课程有些加了中文字幕，有些做了彻底的汉化，从板书到配音全部是中文。只需要在可汗学院网站页面最下方的"Language"下拉列表中选择"中文（简体中文）"选项即可，如图 5-8 所示。另外，国内不少平台也翻译了可汗学院的课程。如果感兴趣可以去网易公开课、译学馆、B 站等平台查找。

图 5-8　切换到中文版本

同步训练　在中文版可汗学院对比查看小学 3 年级数学视频

操作提示：

❶ 进入可汗学院的首页界面；

❷ 切换到中文版本；

❸ 按照上面的步骤找到刚刚查看的英文视频，看看它的中文版视频是什么样的，具体讲解的是什么知识点。

5.3　TED：全球知名演讲平台

有一次，朋友好奇地问我"你平常都看些什么内容，交谈的时候仿佛对什么知识都了解一些的样子"。我平时其实没有太多的时间对各个学科都进行系统学习，有时间就爱看看别人的演讲，涉猎比较广泛是真的，但不一定深究。

如果你也喜欢收看优质的演讲，那你对TED肯定不陌生。TED是美国的一家私有非营利机构，之所以出名，是因为它组织了TED大会。每年TED大会召集各领域的杰出人物，分享他们的探索、思考和思想。"传播有价值的思想"（Ideas worth spreading）是TED大会的宗旨。这些各领域尖端人才的分享以演讲的形式呈现出来，聚集到TED这个平台上，形成了优质的公开课资源。从用户的角度来看，这是一个优质的演讲视频平台，可以找到近2000个现场演讲，涉及的领域非常广泛。

在TED中收看演讲的操作也非常方便，进入TED的网站首页，选择并单击一个视频，或者单击视频附近提供的"Watch now"按钮，如图5-9所示。接着就会进入视频播放界面，单击"播放"按钮就可以开始播放了，如图5-10所示。

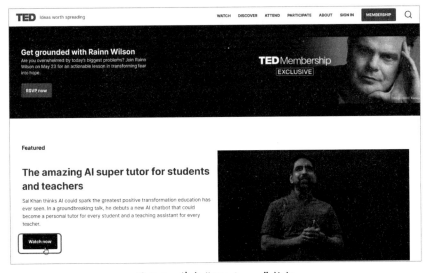

图 5-9　单击"Watch now"按钮

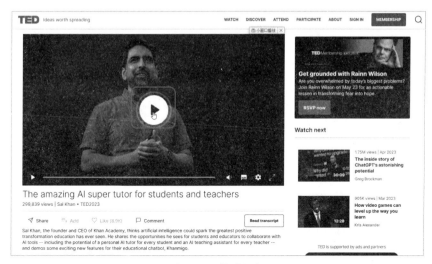

图 5-10 播放视频

TED有网页版，也有手机App版本。用户不用注册登录就可以免费查看视频，而且没有广告。

与一些专业冗长的讲座不同，TED的演讲观点明确、新颖，开门见山，干货多，废话少。不少演讲的时长不超过 20 分钟，每一个演讲视频下面都提供有演讲内容的简介，有些还提供多种语言的文字翻译。❶单击视频界面下方的 "Read transcript" 按钮；❷在右侧的 "Transcript" 下拉列表框中选择需要的语言选项，即可切换到该语言的翻译版本，如图 5-11 所示。

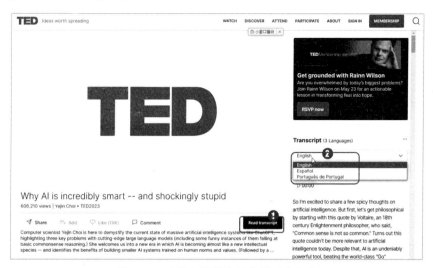

图 5-11 选择视频简介的翻译语言版本

Tips 在 TED 平台不仅能听演讲，还能学英语，它是一个高质量的演讲视频平台。但有些人的英语不好，这种纯英文的演讲听起来很费劲，此时可以找带中英文字幕的视频。因为 TED 太有名了，现在很多视频平台翻译了不少 TED 的演讲，配上了中英文字幕。例如，网易公开课中就专门提供了 TED 频道（如图 5-12 所示），新浪公开课中有 TED 主页，腾讯视频中有 TED 专辑，译学馆和 B 站中也能搜到 TED 演讲，其中不少还是合集。TED 演讲不仅可以开阔我们的视野，也可以作为英语学习的素材，甚至有人开发了用 TED 学英语的 App。

图 5-12　网易公开课中的 TED 频道

同步训练 在 TED 查看某演讲的中文简介

操作提示：

❶ 进入 TED 的首页界面；

❷ 单击视频进入播放界面；

❸ 单击视频界面下方的"Read transcript"按钮；

❹ 在右侧的"Transcript"下拉列表框中查看是否有"简体中文"选项，有的话就切换到中文版，查看中文的视频简介内容。

5.4　一席：一个现场演讲和网络视频结合的传播平台

在 TED 中收看原声的演讲视频是一种享受，但有些人就是不习惯看英文视频。没关系，下面给大家推荐一个高质量的中文演讲平台——一席。

一席平台上的演讲选题比较有吸引力，演讲者大多是某一个具体领域的先达者或开拓者，在这些领域有自己独特的经历，他们的分享会带给大家不一样的体验。一席的内容比较接地气，不追求理论性和学术性，更多的是讲述演讲者自己的故事。尽管内容非常广泛，但都比较接地气，容易被接受。演讲质量也比较高，这些内容虽然通过网络平台在线发布，但演讲实际是有线下现场的，这种"现场演讲+网络发布"的模式，有助于保证演讲的质量。有现场的演讲，演讲者更有激情，网络发布时再通过后期剪辑就保证了视频的节奏和质量。

　　一席有网页版，也有手机 App 和微信小程序。使用也很简单，进入一席的首页后，单击想要查看视频的名称即可进入播放界面，如图 5-13 所示。

图 5-13　选择要查看的视频

Tips　一席平台上最核心的内容是中文演讲，但也有访谈、纪录片等视频内容，单击首页界面上方的类别名称即可切换到不同的页面。

同步训练 在一席中收看摩拜单车创始人创业时的演讲

操作提示：

❶ 进入一席的首页界面；

❷ 以"胡玮炜"为关键词进行搜索；

❸ 播放搜索到的胡玮炜在 2016 年做的演讲视频。

5.5　B 站：终身学习的加油站

　　前两天有个学生向我打听，哪个渠道有好的英语六级考试资料，我让他去 B 站搜索试试。

B站是哔哩哔哩（英文名称：bilibili）的简称，它早期是一个ACG（动画、漫画、游戏）内容创作与分享的视频网站，经过十年多的发展，目前已经成为中国年轻人高度聚集的文化社区和视频网站了。

B站的学习类资源内容很多、范围广，学习需要的大部分课程都能找到。例如有关于大学英语四六级、注册会计师、司法考试、公务员考试等的考证资源，有小学奥数、初中物理、高中化学、大学英语等课程学习资源，有编程、摄影、vlog剪辑、视频剪辑、绣花等技能类的学习资源，堪称终身学习的加油站。

下面在B站中搜索英语六级考试资料，具体操作步骤如下。

步骤① 打开浏览器，搜索进入B站的首页界面，❶在顶部的搜索框中输入"英语六级考试"；❷单击右侧的"搜索"按钮，如图5-14所示。

图5-14　搜索英语六级考试资料

步骤② 在搜索结果页面中，选择需要查看的视频名称，如图5-15所示。

图5-15　选择需要查看的视频名称

> **Tips** 仔细查看搜索结果，有些播放时长很长的，一般都是一个视频讲解体系，里面包含多个小视频。

步骤③ 进入课程界面，在视频播放界面的右侧可以看到这个视频由 50 个小视频组成，选择某个视频名称即可切换到对应的视频进行播放，如图 5-16 所示。

图 5-16　切换播放视频

步骤④ 切换到对应的视频播放界面，在右侧单击视频发布者的头像图标，如图 5-17 所示。

图 5-17　单击视频发布者的头像图标

> **Tips** 注意视频播放页面上的一些数据，如发布时间，可以帮你判断内容的新旧程度，还可以通过播放量和弹幕量来大致了解这些视频的受欢迎程度。有些视频的 UP 主还留下了 QQ 号，点一下就可以进入他的主页，顺藤摸瓜找到很多其他内容，这也是一个搜索资源的套路。

步骤⑤ 在打开的界面中可以看到视频发布者的粉丝数量和他上传的所有视频，如图 5-18 所示。

图 5-18　查看发布者发布的其他视频

> **Tips**　B站有网页版，也有App，手机和计算机都能学。B站中的视频没有片头广告，不用等待，点开就能学，而且大部分都免费。

同步训练　在 B 站中搜索中国舞相关的视频

操作提示：

❶ 进入 B 站的首页界面；

❷ 以"中国舞"为关键词进行搜索；

❸ 查看并收藏想要学习的中国舞视频。

本章小结

　　这一章我们主要介绍了 5 个学习类的视频播放平台。知识无疆界，如果你想收看国外的原版视频，可以在可汗学院、TED 中搜索查看；如果你只想查看中文版的视频，可以在网易公开课、一席和B站中搜索查看。其中TED和一席是专门搜索演讲的平台。至此，有关学习的工具和平台就介绍完了，但学好一门课或学习一门技术涉及的资源还有很多，学习攻略、学习笔记、相关学习辅助软件、学习类App都是辅助学习的好资源。搜索、下载都不是难事，关键是要用这些资源进行实质性的学习，资源无法替代努力。

第3篇 职场进阶篇

很多公司现在都有网络，员工可以自由上网，除了给员工一个轻松的环境，累了可以上会儿网，主要还是方便大家工作，遇到问题可以上网查查。

职场中有时候需要收集一些官方数据，可以到尽调平台去查找。进行业务拓展、商业合作时，也可以通过网络搜索相关人员信息、拓宽人脉。通过网络求职应聘更是常事，工作中某项任务需要合适的图片、图标、音频、视频、字体等素材时，也可以从对应的渠道获得。为了更高效地开展工作，你还应该掌握一些搜索工具的使用方法。

本篇，我们将逐一介绍这些平台和工具的使用方法。学完本篇内容，希望你能选用合适的方法提高自己的职场竞争力，升职一帆风顺。

第6章

尽调平台：官方信息，权威可靠

职场中遇到有些专业的信息查询问题，应该尽量从政府各部委提供的各种专业信息平台搜索。

作为相关社会事务的主管部门，政府各部委在具体的业务中积累了大量的信息与数据，基于业务需要或服务需要，相关部门会向社会开放这些权威的数据，民众通过互联网就可以免费搜索，获取这些高质量信息资源了。

在专业的资源系统中进行搜索，也属于垂直搜索的范畴。只要搜索目标明确，范围具体，搜索结果一般都是很准确的。就搜索体验而言，政府提供的这些搜索系统并不一定是最适合的，但优点是信息资源的质量高。这些数据信息大多来自政府相关部门的业务系统，一方面数据信息真实、可靠，另一方面更新及时，接近实际。

本章接下来就从多个常用的日常需求出发，介绍一些职场中常用的尽调平台。

6.1 学信网：搜学籍、搜学历、搜学位

小刘是某公司的人力资源管理负责人，最近筛选出了公司新员工人员名单，给领导汇报面试结果时说，"感觉专业基础知识差一点，但都是来自'985'学校的学生，所以我觉得综合能力应该是没问题的"。

领导想了想总感觉哪里不对，好学校的学生专业基础却不扎实？这时，小刘还强调说收到了对方的学校毕业证书扫描件。领导便反问她查过证件的真实性没有。

小刘蒙了，不知道去哪里查，也不好意思问老板。这不，就来问我了。

这个问题很好解决啊，与教育相关的信息有很多，政府教育部门及其所属相关单位都提供了信息检索系统，主要涉及学籍、学历、学位、出国留学、考试成绩等信息的检索。如果只是单位招聘、学校招生、职场进阶、人员评价等场景下想尽职调查个人受教育的程度，用学信网就可以了，它是教育部直属部门的网站。

学信网的全称是中国高等教育学生信息网，由教育部学生服务与素质发展中心（原全国高等学校学生信息咨询与就业指导中心）主办。学信网可以查学籍、查学历、查学位，也可以查英语四六级考试的成绩等信息。实名注册学信网，不仅可以查自

己的学籍（自考除外）、学历信息，还可以根据姓名和证书编号查别人的学历信息，企业用户登录后既可以单个查询也可以批量查询。只是本人查询及个别查询是免费的，企业用户查询需要付费。

> **Tips** 学信网上只能查国家承认的各类高等教育、2001 年以来的学籍（已离校学生在籍期间的学籍注册信息）、学历，学位只能查 2008 年 9 月 1 日以来的中国各学位授予单位按照有关规定程序颁发的各级各类学位证书相关信息。其中，学籍查询服务仅提供给学生本人，需实名注册后进入学信档案使用。

下面以查询单个学历证书的真伪为例，介绍学信网的使用方法，具体操作步骤如下。

步骤 1 打开浏览器，❶通过搜索进入学信网的首页界面；❷选择页面顶部菜单中的"学历查询"选项，如图 6-1 所示。

图 6-1 选择"学历查询"选项

步骤 2 进入中国高等教育学历证书查询页面，可以看到系统提供了本人查询、零散查询、企业用户查询 3 种查询方式。这里我们只需要查询一个证书的真伪，所以单击零散查询方式下的"查询"按钮，如图 6-2 所示。

图 6-2 选择查询方式

> **Tips** 特别强调：查学位信息，用的是学信网，不是学位网。学位网从 2022 年 8 月 6 日起就暂停了国内学位认证服务。

步骤③ 进入对应的查询界面，❶按照提示输入需要填写的信息，包括证书编号、姓名、图片验证码；❷选中"我已阅读并同意《用户协议》《隐私政策》"复选框；❸单击"免费查询"按钮，如图6-3所示。

图6-3　输入要查询的信息

步骤④ 系统弹出验证界面，提供扫码验证和手机验证两种方式，如图6-4所示。选择扫码验证，只需要用手机端的微信扫一扫提供的二维码，并根据提示授权微信绑定号码进行实名认证即可。选择手机验证方式，可以根据提示输入手机号码和手机上收到的验证码进行认证。

图6-4　选择验证方式

> **Tips**　教育部网站不提供直接的查询服务，相关查询服务都在它主管的一些具体机构中，在教育部官网上也会提示用户哪些内容应该在哪里去搜索。例如，在中国学位与研究生教育信息网上可以查询学位，教育部考试中心提供一些资格证书及成绩的查询，具体包括全国英语等级考试（也就是PETS）、计算机等级考试、全国外语考试、全国计算机应用水平考试、教师资格证、少数民族汉语等级考试等。

步骤⑤ 完成验证后，系统就会对输入的查询内容进行搜索，并给出最后的查询结果，如图6-5所示。这里没有找到学历信息，系统还给出了相关的解释，但从企业招聘的角度考虑，不能排除学历证书本身存在伪造的可能。

图6-5 查看最后的查询结果

> **Tips**　如果查询的学历是真实存在的，则学信网会返回该证书的详细信息，其中包括姓名、性别、出生日期、入学日期、毕业日期、学校名称、专业、学历类别、学制、学习形式、层次、证书编号等信息，而且有照片。将这些信息与求职者提供的学历信息进行核对，即可判断学历证书的真伪。

同步训练▶ 用学信网鉴别学位证书的真伪

操作提示：

❶ 进入学信网的首页界面；

❷ 在顶部菜单中选择"学位查询"选项；

❸ 进入中国高等教育学位证书查询页面，单击零散查询方式下的"查询"按钮；

❹ 输入要查询的学位证书编号、姓名、图片验证码，（如证书编号：106102201300××××；姓名：林×芳；学位授予时间：2013年），选中下方的复选框，单击"免费查询"按钮；

❺ 进入手机验证界面，根据提示，输入手机号码和收到的验证码，即可查得该学位证书号码的相关信息，对照信息辨别真伪即可。

6.2　中国裁判文书网：搜法院的判决书

前两天一个朋友官司缠身，自己在网上找了几个律师的联系方式，但对他们的辩护能力没有把握，想让我帮他斟酌斟酌，从中选个合适的。

我就告诉他，可以去中国裁判文书网上查一查各律师执行的案件。中国裁判文书网是最高人民法院旗下的一个资源平台，收录了我国各级人民法院的各种司法文书，公众可以免费查询，不过查询之前需要先注册登录。

中国裁判文书网上的资源和功能有很多，特别是高级检索功能可以拓展很多搜索任务。例如，要在中国裁判文书网上查询律师涂伟代理的、判决时间在 2021 年 10 月 1 日至 2023 年 5 月 5 之间的司法案件判决书，具体操作步骤如下。

步骤 1　打开浏览器，❶通过搜索进入中国裁判文书网的首页界面；❷单击顶部的"注册"超级链接，如图 6-6 所示。

图 6-6　单击"注册"超级链接

步骤 2　进入注册界面，❶输入自己的手机号码和验证码；❷选中下方的复选框；❸单击"下一步"按钮，如图 6-7 所示。

图 6-7　注册账号

步骤③ 继续根据提示获取并输入手机收到的验证码，进入登录界面。❶输入刚刚设置的登录手机号码和密码；❷单击"登录"按钮，如图6-8所示。

图6-8 登录账号

步骤④ 登录之后，页面的右上角会显示你的登录账号。在搜索框中可以输入案由、关键词、法院、当事人、律师等信息直接进行检索。本例中因为需要设置多个搜索条件，所以❶单击"高级检索"按钮；❷在显示的"高级检索"条件设置区域设置文书类型为"判决书"、裁判日期为"2021年10月1日至2023年5月5"、律师为"涂伟"；❸单击"检索"按钮，如图6-9所示。

图6-9 设置检索条件

> **Tips** 裁判日期的起止时间可以进行选择设定，如果手动输入日期一定要注意具体格式。如果不设置文书类型，系统默认搜索全部类型的文书。实际上，中国裁判文书网上可以检索的文书类型有很多，如裁定书、调解书、决定书等。

步骤 ⑤ 稍等片刻，就可以看到搜索到的结果页面了，如图 6-10 所示。

图 6-10　查看搜索结果

同步训练 在裁判文书网上对合作对象展开尽职调查

操作提示：

❶ 进入中国裁判文书网的首页界面；

❷ 注册并登录账号，进入中国裁判文书网的检索界面；

❸ 以做生意、找工作或合伙做事情的对象姓名为关键词进行搜索；

❹ 在搜索结果页面中会出现所有重名的判决书，点开查看详细信息查找对方是否存在生效的判决书，尤其注意是否有涉及财务的内容，进而判定对方是否靠谱，是否值得信任和合作。

6.3 中国执行信息公开网：
欠钱不还的老赖，可以在这儿查

小李在一个计算机公司做销售，他运气挺好的，刚进公司不久就遇到一个大客户向他订购了一大批货，出价也不低。兴奋之余他还是有些忐忑的，因为这个客户和他攀谈时，借口说是老乡，目前资金周转不过来，先付一些首付款，其他尾款等后期再支付。小李总觉得好事来得太容易了，后来一个同事给他支招，让他去最高人民法院的网站上查一下这个客户或他的公司。

不查不知道，一查吓一跳。小李在裁判文书网上找到了好几份生效的判决书，内容大多涉及货款拖欠。然后又在中国执行信息公开网的被执行人查询中查到了几份正在执行的还款判决，在失信被执行人查询中发现这位客户的公司已经被列入失信被执行人名单，在限制消费人员查询中找到了他家公司实际控制人的名字。很明显，这个客户不靠谱，所以在签订合同的时候坚决要求一手交钱，一手交货。最后尽管生意没做成，但也避开了一个大坑。

中国执行信息公开网是最高人民法院旗下的综合信息查询平台，可以查询司法执行信息，如查被执行人、失信被执行人、限制消费人员、终本案件等信息，而且面向公众免费开放。

其实，中国执行信息公开网这个平台上的查询系统使用方法都类似，下面以在中国执行信息公开网中查询失信被执行人信息为例进行介绍，具体操作步骤如下。

步骤①　打开浏览器，❶通过搜索进入中国执行信息公开网的首页界面；❷可以看到首页中提供失信被执行人、限制消费人员、被执行人信息、财产处置、终结本次执行案件、执行法律文书等多个查询类别，每一个查询类别对应一个查询系统。这里因为要查询失信被执行人信息，所以选择"失信被执行人"，如图6-11所示。

图6-11　选择"失信被执行人"

步骤②　进入失信被执行人查询平台的页面，可以看到这个查询平台的官方名称是全国法院失信被执行人名单信息公布与查询平台，页面上半部分会滚动公布失信被执行人信息，失信机构完整公布名称和组织机构代码，失信个人公布姓名和身份证号码，身份证号码可以看到14位，虽然部分数字打码隐藏了，但这样的身份证号码信息配合姓名，还是能确定具体失信被执行人的。❶在"查询条件"栏中输入要查询的人员或公司名称，这里输入"陈飞"；❷在"验证码"文本框中输入验证码，输入正确后会给出提示；❸单击"查询"按钮，如图 6-12 所示。

图 6-12　设置查询条件

Tips　如果知道查询人的身份证号码或查询公司的组织代码也可以输入，这样查得的信息就会更准确。

步骤 ③　在页面下方会显示搜索到的结果，当然，这些结果可能存在重名问题，不过我们可以单击后面的"查看"超级链接来查看详情，如图 6-13 所示。

图 6-13　查看查询结果

步骤④　弹出详情页面，在其中可以看到更多信息，特别是姓名、身份证号码、执行依据文号、生效法律文书确定的义务等，如图6-14所示。这些内容可以帮助我们判断是否是我们查找的人或公司的信息。

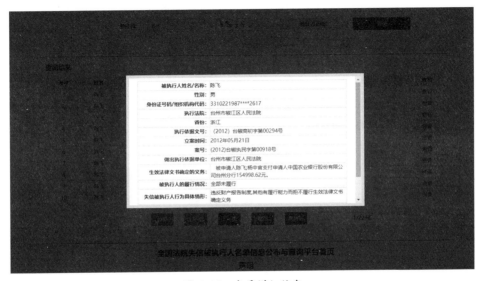

图6-14　查看详细信息

同步训练　用中国执行信息公开网查询司法拍卖信息

操作提示：

❶ 进入中国执行信息公开网的首页界面；

❷ 选择"财产处置"选项；

❸ 在弹出的下拉列表中选择"司法拍卖"选项；

❹ 进入查询页面，输入要查询的标的物类型、所在地或关键词信息；

❺ 单击"查询"按钮进行查询；

❻ 在查询结果中单击"查看"超级链接查看拍卖公告的详细内容。

> **Tips** 不仅做生意、找工作、合伙做事情前，可以进行尽职调查，单身人士在结婚之前也可以把对象的名字在相关系统中搜索一遍哦。

6.4 国家企业信用信息公示系统：公司信息，一网通查

除了可以通过最高人民法院提供的那几个系统对企业进行尽职调查外，能进行相关查询的还有一个部门——市场监督管理总局，只不过调查的角度不同。

例如，想了解一个企业的情况，首选国家企业信用信息公示系统，这是市场监督管理总局提供的一个权威平台，所有注册登记的公司都能在这个网站中找到。在这个系统中，公司营业执照上的信息都能查到，还能查到企业的其他一些信息，如是否被处罚过，是否被列入经营异常名录，是否被列入严重违法失信名单，股东、高管都是谁，股权有什么变动，有没有抵押质押等。

在国家企业信用信息公示系统中调查一个企业信息的操作很简单，具体操作步骤如下。

步骤 1 打开浏览器，❶通过搜索进入国家企业信用信息公示系统的首页界面；❷在搜索框中输入需要调查的企业名称，可以不是全名，这里输入"恒图教育"；❸单击"查询"按钮，如图6-15所示。

图6-15 输入要调查的企业名称

步骤 2 进入查询结果界面，在下方罗列了搜索到的结果，选择需要查看的企业名称选项，如图6-16所示。

图 6-16 选择需要查看的企业名称选项

步骤3 进入对应公司的介绍界面查看公司信息，如图 6-17 所示。

图 6-17 查看公司信息

Tips 与国家企业信用信息公示系统类似的几个非官方尽职调查网站也很好用，如天眼查、启信宝、企查查等。

同步训练 在企查查查询公司信息

操作提示：

❶ 进入企查查的首页界面；

❷ 在搜索框中输入要查找企业的名称；

❸ 单击"查一下"按钮，查看该企业的详细信息。

6.5 国家药品监督管理局官网：搜药品、医疗器械、化妆品

网上购物方便了很多人的日常生活，我也喜欢在网上逛。有一次我在淘宝上看中了两款面膜，大家都知道网上商品的质量是参差不齐的，还是应该进行评估的。面膜等化妆品关乎人的健康和安全，其实是受国家严格管理的，所以，我想到了去查一下相关信息。

查化妆品的备案信息，可以选择国家市场监督管理总局下的国家药品监督管理局官网上进行查询。此外，这个系统中还可以查询药品、医疗器械的备案信息。下面以查询一款名为"赫拉双重美白睡眠面膜"的进口特殊化妆品为例讲解查询方法，具体操作步骤如下。

步骤① 打开浏览器，❶通过搜索进入国家药品监督管理局官网的首页界面；❷将鼠标光标移动到顶部菜单的"化妆品"选项上；❸在弹出的下拉菜单中选择"化妆品查询"命令，如图 6-18 所示。

图 6-18　选择"化妆品查询"命令

步骤② 进入查询界面，我们要查的是一款进口特殊化妆品，所以，❶在搜索框左侧的下拉列表中选择"进口特殊化妆品注册信息"选项（这里不选也是可以的）；❷在搜索框中可以输入的内容有很多，这里我们直接输入商品的名称"赫拉双重美白睡眠面膜"；❸单击"搜索"按钮，如图 6-19 所示。

图 6-19 设置搜索条件

步骤③ 稍后即可看到搜索结果列表，可以看到一共搜索到了 4 款同名产品的备案信息，其中两款已经失效，剩下两款为历史批件状态。单击想要查看的产品信息后的"详情"按钮，如图 6-20 所示。

图 6-20 单击"详情"按钮查看搜索结果

> **Tips**　在国家企业信用信息公示系统网站中查询不到的产品，说明该产品没有进行备案，是没有得到国家认可的。查到的产品也需要进一步查看产品的备案信息是否在有效期内，是否为当前批件。

步骤④ 打开新的页面，在其中可以看到这款化妆品的详细注册信息，单击"产品技术要求"后的"查看详细内容"超级链接，如图 6-21 所示。

图 6-21　查看产品的注册信息

步骤⑤ 在新页面中根据提示输入验证码，即可看到该产品的配方成分、生产工艺、微生物指标等信息，如图 6-22 所示。

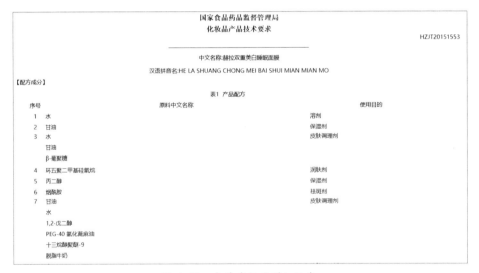

图 6-22　查看产品的详细信息

在国家药品监督管理局网站查询"连花清瘟胶囊"药品的相关信息

操作提示：

❶ 进入国家药品监督管理局网站的首页界面；

❷ 选择顶部菜单中"药品"下拉菜单的"药品查询"命令；

❸ 进入查询系统，以"连花清瘟胶囊"为关键词进行搜索；

❹ 单击搜索到的信息后的"详情"按钮，查看该药品的详细信息。

6.6 卫健委官网：查医生、查护士、查医院

前两天接到一个电话，是我家一个亲戚出车祸进了医院，因为要动手术又对当地医院不熟悉，想让我查一下医生靠不靠谱。这点我特别理解，生病去医院，直接关系到身心健康甚至生命安全，谁都不想踩到假医院、假医生的坑。我稍加思索，知道医卫人员的执业信息的主管部门肯定是国家卫健委。事情紧急，我赶紧让他把医院和主治医师的姓名发给我，然后上国家卫生健康委员会提供的搜索平台上查了查，具体操作步骤如下。

步骤① 打开浏览器，❶通过搜索"卫建委"进入中华人民共和国国家卫生健康委员会官网的首页界面；❷页面上部有首页、机构、新闻、信息、服务、互动等多个导航，单击"服务"超级链接，如图6-23所示。

图6-23 单击"服务"超级链接

步骤② 进入国家卫生健康委员会政务服务平台，单击右上角的"查信息"超级链

接，如图 6-24 所示。

图 6-24　单击"查信息"超级链接

Tips　国家卫健委旗下有多个查询系统，除了医师资格查询，还可以进行护士资质、医院等级、医院执业登记、基本药物目录、器官移植机构、辅助生殖机构等信息的查询。

步骤③ 在界面中显示多个查询选项，主要分为医卫机构查询、医卫人员查询和药物查询三大类，这里因为要查询医生的相关信息，所以单击"医卫人员查询"栏中的"执业医师查询"选项，如图 6-25 所示。

图 6-25　单击"执业医师查询"选项

步骤④ 进入医生执业注册信息查询系统界面，❶根据需要查询医生的基础信息，输入其所在省份、医师姓名、所在医疗机构名称，其中姓名必须输入全名，医疗机构名称只需要输入连续的四个字即可；❷根据提示输入验证码；❸单击"查询"按钮；❹稍后即可在下方显示搜索到的结果信息，若搜索到就能看到该医生的几个关键信息，说明这个医生是正规医生。单击"详细"超级链接，如图6-26所示。

图6-26 单击"详细"超级链接

步骤⑤ 打开新的界面，在其中可以看到关于该医生的更多详细信息，如医师级别、执业类别、执业地点、执业范围、执业类别、执业证书编码等，如图6-27所示。

图6-27 查看医生的详细信息

> **Tips** 如果在国家卫生健康委员会网站的查询页面上输入执业医师的正确信息后，结果并没有搜索到，那么这个医生肯定有问题。

同步训练 在国家卫健委官网查询某广州医院的信息

操作提示：

❶ 进入国家卫生健康委员会官网的首页界面；

❷ 单击页面左侧"服务"选项卡；

❸ 在右侧上方选择"信息查询"选项卡；

❹ 在下方选择"医卫机构"选项下的"医院执业登记"选项；

❺ 进入查询界面，输入要查询医院所在省份和医院名称；

❻ 输入验证码信息；

❼ 单击"查询"按钮；

❽ 查看搜索到的结果。

> **Tips** 国家卫健委官网的页面布局有时会变动，所以查询的入口和方法稍有不同，本操作提示中给出的是该网页中另一种查询方式的具体操作步骤。

6.7 中国证券业协会官网：查询从业人员信息，搜证券机构，查询从业人员执业资格

一位老师在做一个研究项目，需要用到国内证券行业从业人员的数据，让我帮他查一下。于是，我在国家统计局网站上找了一圈，但是没发现有价值的内容，后来去了中国证券业协会的网站，有了惊喜的发现，找到的结果远超预期。

中国证券业协会官网中收录了我国证券从业人员和机构的相关信息，既可以分类浏览证券机构的从业人员信息，也可以通过提供的多种与证券从业相关的信息查询系统来查询信息。通过这个网站，可以了解证券从业人员的任职资格、任职岗位、登记信息变动等信息，是证券行业做尽职调查的可靠渠道。

在中国证券业协会官网查看机构从业信息和查询指定从业人员信息的具体操作步骤如下。

步骤① 打开浏览器，通过搜索进入中国证券业协会官网的首页界面，单击页面中

"从业人员"栏中的"登记证券从业人员查询"超级链接，如图 6-28 所示。

图 6-28　单击"登记证券从业人员查询"超级链接

步骤② 进入从业人员信息公示界面，在这里显示了 129 个证券公司的证券从业人员数据，系统给出了机构名称、从业人员数，以及各业务种类的证券人员数。实际上，在左上角的"机构类别"下拉列表框中还可以选择其他的证券机构，如证券资产管理公司、证券投资咨询机构、证券市场资信评级机构、投资管理公司等，选择不同的机构类别将显示对应机构的从业人员公示信息。❶这里不做选择；❷继续查看证券公司信息，可以发现这些数据都是蓝色的超级链接，单击后可以切换到不同的页面。这里单击第一条数据（爱建证券有限责任公司）对应的"证券投资咨询（咨询顾问）"数据，即"59"，如图 6-29 所示。

图 6-29　单击数据超级链接

> **Tips**　从业人员信息公示界面是从多个维度对数据进行统计的，每一个证券公司后面都有一系列数字，例如图 6-29 所示中的第一条数据，说明爱建证券有限责任公司的从业人员数是 904 人，其中一般证券业务 471 人，证券经纪业务销售 3 人，投资主办人 1 人，分析师 5 人，投资顾问 59 人，证券经纪人 355 人，保荐代表人 10 人。数据非常详细，而且单击这些数字，可以看到这个证券公司不同类型的从业人员信息。

步骤③ 在打开的新页面中可以看到该公司投资顾问 59 人的详细信息，如图 6-30 所示。单击"姓名"超级链接，可以看到对应人员的更详细的信息。

图 6-30　查看该公司投资顾问 59 人的详细信息

步骤④ 返回上一个信息公示界面，在右上角的下拉列表框中可以设定查询条件查询具体从业人员信息，系统提供 3 种查询方式，即按姓名查询、按证件号码查询、按等级编号查询。❶这里选择"按姓名查询"选项；❷在其后的文本框中输入要查询的具体证券从业人员姓名，这里输入"马帅"；❸单击"查询"按钮，如图 6-31 所示。

图 6-31　设置查询条件

步骤⑤ 稍后就可以在打开的新页面中看到搜索出了所有姓名为"马帅"的证券从业人员信息。单击第一列中想要详细查看的数据信息的姓名，如图 6-32 所示。

图 6-32　查看查询结果

步骤⑥ 在新页面中可以看到这位证券从业人员的详细信息，如图 6-33 所示。注意登记变更记录信息，从该信息基本上可以了解这位从业人员的跳槽情况。

图 6-33 查看详细信息

同步训练 在中国证券业协会官网上查询证券从业机构信息

操作提示：

❶ 进入中国证券业协会官网的首页界面；

❷ 单击"登记证券从业人员查询"超级链接；

❸ 进入从业人员信息公示界面，通过查看各证券公司统计的从业人员信息，找到大机构和小组织的人员配备差别。

6.8 中国注册会计师协会官网： 搜会计师事务所，查询注册会计师执业资格

某天我搜索到一个会计师事务所的官网，在这个网站上可以找到这个会计师事务所的资质证书，我仔细看了一下执业证书，上面的名称、执业证书编号、批准执业文号等相关信息一应俱全。我就想这个证书是不是真的，能不能查询验证，以及去哪儿查。

资质查询，一般都有专门的查询系统，注册会计师应该也不例外。我搜索了一下，找到了中国注册会计师协会官网，这个网站有面向公众的查询入口，于是决定探索一下，具体操作步骤如下。

步骤 1 打开浏览器，❶通过搜索进入中国注册会计师协会官网的首页界面；❷单击"信息查询"超级链接，如图 6-34 所示。

图 6-34　单击"信息查询"超级链接

步骤② 进入中国注册会计师协会信息查询界面，单击"行业管理信息系统"超级链接，如图 6-35 所示。

图 6-35　单击"行业管理信息系统"超级链接

步骤③ 进入新的界面，在"公众查询"栏中提供了多个查询入口，如会计师事务所信息查询、注册会计师信息查询等。这里单击"会计师事务所信息查询"超级链接，如图 6-36 所示。

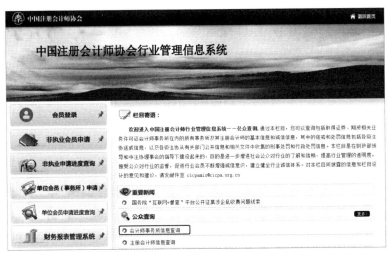

图 6-36　单击"会计师事务所信息查询"超级链接

步骤④ 进入查询界面，❶在文本框中输入想要查询的资质证书上的相关信息；❷单击"查询"按钮；❸稍后可以在下方看到搜索到的结果，单击结果中的事务所名称超级链接，如图 6-37 所示。

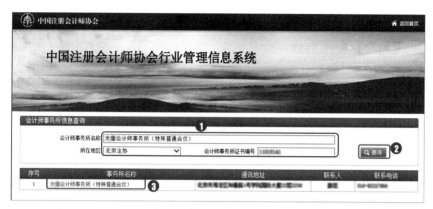

图 6-37　设置查询条件并单击搜索结果中的事务所名称超级链接

步骤⑤ 在新界面中可以看到这个事务所的详细信息，如图 6-38 所示。除了执业证书上的信息外，还可以看到处罚/惩戒信息、继续教育完成率、被检查信息、参与公益活动等内容，这些信息可以帮助我们进一步了解公司的资信状况。在注册会计师人数、合伙人或股东人数、从业人员人数这些数字后面都显示有"（请点击）"，单击后就可以看到具体的人员执业信息了。这里单击"注册会计师人数"后的"165（请点击）"超级链接。

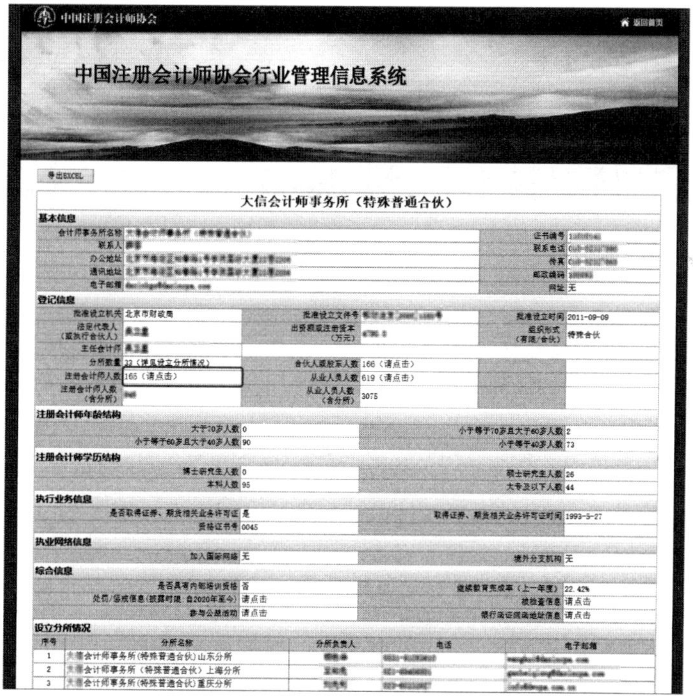

图 6-38　查看事务所的详细信息并单击"注册会计师人数"后的"165（请点击）"超级链接

步骤 6 进入新的界面，可以看到这 165 名注册会计师的详细信息，包括姓名、人员编号、性别、出生日期等信息，如图 6-39 所示。单击表格"姓名"列中的某一个姓名超级链接。

图 6-39　查看注册会计师的详细信息

 在图 6-39 所示的页面顶部还可以按照年龄和学历进行筛选。

步骤 7 在新界面中可以看到所选注册会计师更为详细的信息，如图 6-40 所示。

图 6-40　查看单个注册会计师的详细信息

同步训练 在中国注册会计师协会官网查询某注册会计师的详细信息

操作提示：

❶ 百度搜索一个注册会计师的姓名或会计师事务所的信息；

❷ 进入中国注册会计师协会的首页界面，单击"信息查询"超级链接；

❸ 进入中国注册会计师协会信息查询界面，单击"行业管理信息系统"超级链接；

❹ 在新界面的"公众查询"栏中单击"注册会计师信息查询"超级链接；

❺ 进入查询界面，根据刚刚搜索到的注册会计师的姓名或会计师事务所的信息输入相关搜索条件并进行查询。

本章小结

    这一章我们主要介绍了最高人民法院、国家市场监督管理总局、国家卫健委等部委及其所属机构提供的 8 个权威信息搜索平台，可以完成职场尽调。学习本章内容的目的是让大家知道这些权威搜索平台的存在；另一方面也是更重要的，是想通过具体的案例让大家知道在什么场景下使用这些平台。当然，政府各部委的搜索平台很多，本书篇幅有限不可能每一个都详细介绍。学完本章内容后，大家可以模拟一些场景，自己通过百度去探索解决问题的方法，找到更多官方平台实质性地动手实践探索。这个探索的过程，也是提升信息素养的过程。因为不同的网站功能布局大多不一样，有时候差别还比较大，有些查询系统找起来比较困难。

    这些查询系统，也许你现在用不到，但在合适的场景下，这些系统就能帮你解决具体的问题。所以，记住只能治标，提升探索能力，以不变应万变，才能治本，而且在探索的过程中，我们会有更多的发现。

第 7 章

人脉搜索：几招搞定"大神"的联系方式

在学习、工作、生活中，要有意识地去结交一些人，尽量积累人脉。但免不了要"临时找人"，首先需要找到这些人的联系方式，有些时候要找的还是一些重要人物的联系方式。比如考研选导师，总得先与导师沟通一下吧，沟通就需要他的联系方式；工作求职、业务拓展或商务合作的时候，总希望联系到公司的高层，当然也需要联系方式；求医问诊、房屋租赁等，也只有找到高质量的关键人脉，才能够获得一些关键信息，比自己没有头绪地摸索要少走许多弯路。

本章将分享搜索目标人物联系方式的 7 类招数，并通过具体的案例，展示这些招数背后的方法和逻辑。

7.1 单位官网搜索

通常你要找的重要人物，往往在其所在单位也是比较有知名度、比较有分量的人物。所以，通过单位找他的联系方式，应该是一个比较有效的途径，单位官网则是首先要搜索的目标。通过这种方式搜索一个人的联系方式，比较传统，但比较实用。例如，有一次我准备邀请一位四川大学公共管理学院的教授做一个讲座，我就是直接登录四川大学公共管理学院的网页联系上他的，具体操作步骤如下。

步骤 ① 打开浏览器，❶通过搜索进入四川大学公共管理学院官网的首页界面；❷选择最顶部菜单项中的"师资队伍"选项；❸在弹出的下拉菜单中选择"全职教师"选项，如图 7-1 所示。

图 7-1 选择"全职教师"选项

步骤② 进入全职教师的师资介绍界面，可以看到各教师的简单介绍，其中包括 E-mail 信息，如图 7-2 所示。找到需要联系的教师，给他的邮箱发一封邮件（可以在邮件中向他索要电话号码），就联系上了。

图 7-2　师资介绍界面

Tips 很多高校、公司、政府部门大多会在自己的网站上公布联系方式，一般会有具体部门甚至是负责人的电话。高校一般会通过官网对本校师资进行介绍，其中可能会有联系方式。

同步训练　查找重庆市规划和自然资源局工作人员的联系方式

操作提示：

❶ 以"重庆城市规划局"为关键词进入重庆市规划和自然资源局官网的首页界面；

❷ 单击"部门领导"超级链接，进入"政务公开"下的领导信息介绍界面；

❸ 通过职务介绍找到需要联系人员的姓名，再单击"联系我们"超级链接，通过公开的联系电话试着联系对方。

7.2　直接搜索

获取目标人物的联系方式还可以直接百度搜索，其实就是在搜索引擎中用目标人物的姓名加上空格，然后加上代表联系方式的标识，比如联系方式、电话、E-mail、QQ、微信、邮箱等。

以前有一个学生想考某位老师的研究生，他就是通过直接输入这位老师的姓名和E-mail找到的联系方式。虽然搜索结果有好多条，但这些结果中的E-mail都是相同的，根据所在网页内容判断，基本可以排除重名的可能。而且这位老师的E-mail是一个QQ邮箱，所以也就找到了他的QQ号。把QQ号码输入微信中添加好友，还看到了这个老师的头像，也就是说，这位老师的微信号绑定的就是对应的QQ号。

搜索时，加上联系人的单位名称，或者使用site语法限定搜索结果的来源，或者在相关贴吧中搜索，找到的可能性会更大。site语法限定搜索结果的相关内容将在本书第18章中介绍。

如果你知道同一个单位或同一个行业中两个重要人物的邮箱或手机号，把他们放在一起搜索，你可能会找到更多重要人物的联系方式。

我有一个做智慧教室系统集成的朋友，他给我分享过这样一个搜索客户的经历：他的客户是各中小学的负责人，为了找到更多中小学校长的联系方式，他在百度中输入他已经得到的两所知名小学校长的E-mail，搜索结果让他非常意外：这两个E-mail同时出现在一个网页中，而这个网页是一个全国性小学校长会议的通讯录，里面有全国三百多所小学校长的姓名、学校、联系方式……可谓一应俱全。

> **Tips** 除了搜索联系人的联系方式外，还可以以目标人名+微博、目标人名+事件、目标人名+演讲、目标人名+日程安排、目标人名+活动等为关键词查询相关人的相关事项。

同步训练 ▶ 搜索儿童心理健康老师的联系方式

操作提示：

❶ 以"儿童心理健康"为关键词搜索相关领域的内容，找到比较知名的老师姓名或联系方式；

❷ 若没有找到他的联系方式，则再以"老师姓名+联系方式"为关键词进行搜索。

7.3 推测+验证

前面介绍的两种人脉搜索方法是比较基础的，因为这些人的联系方式都是公开的，所以只要用心就能搜索到。如果你需要联系的人员不是公众人物，并没有公开过自己的联系方式，那么就只有通过推测+验证的方法来查找了。不过这种方法只适用于查找目标人物的E-mail。

> **Tips** 很多大咖通常都不喜欢用微信和陌生人交流，联系他们的最好方式是发送电子邮件。

怎么推测呢？原理是这样的，很多人的工作邮箱用的是单位邮箱，邮箱域名（@后面的部分）一般就是单位官网的域名，而@前面的用户名要么与姓名的拼音或拼音的简写有关，要么与目标人物的英文名有关。也就是说，某公司员工的邮箱很可能是"员工的姓名@公司域名.com"。例如我的工作邮箱，@后面就是四川师范大学的域名sicnu.edu.cn，@前面的部分就是我姓名拼音的简写。

当然，光瞎猜还不行，毕竟简写也会有很多组合方式。要学会验证，例如可以使用关键词在搜索引擎中寻找。即将推测的E-mail和目标人物的姓名放在一起，在百度中搜索，根据找到的结果内容基本可以做出判断。

同步训练 推测并验证你一个朋友的工作邮箱

操作提示：

以"员工的姓名@公司域名.com"的方式推测你一个朋友的工作邮箱，并通过给对方发送邮件进行验证。

7.4 发私信

现在很多网络平台有发私信的功能，如果需要，你可以通过发私信的方式与目标人物取得联系。

我的百度账号就偶尔会收到一些同行发来的私信，内容大多是索要PPT的。为什么呢？因为我在百度文库中上传了一些我的教学课件，可能有些同行看到后觉得还不错，发私信的目的主要是问我还有没有更多的课件。

能发私信的平台很多，除了百度的全家桶外，豆丁网、道客巴巴等网络文库，大家论坛、小木虫等网络论坛，这些具有账号体系的网络平台大多都支持私信功能。

这里我主要说一下两个重量级的平台——微博和微信。

一些网络大V、大咖把自己的微博账号或微信公众号作为个人主页，不仅通过这些平台发布自己的内容，同时也通过这些平台与粉丝沟通交流。所以，如果你想与这些网络大V、大咖取得联系，千万不能忘了这两个平台。而且绝大多数大V、大咖每天收到的私信并不会很多（你仔细观察就会发现，很多大咖的微博下公开留言其实都很少，所以不用担心自己的私信会淹没在信息的海洋里），他是否回应你更取决于你的诉求是否够分量。

各个平台上发私信的方法基本上都类似，下面以在知乎上发私信为例进行介绍，具体操作步骤如下。

步骤① 在浏览器中打开知乎主页并查看自己关注的大V所发布的文章，或者通过浏览找到自己喜欢的文章，❶单击文章标题下方的大V的头像图标；❷在弹出的界面中单击"发私信"按钮，如图7-3所示。

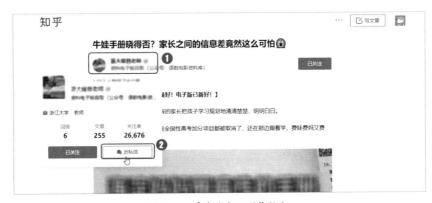

图7-3 单击"发私信"按钮

步骤② 打开私信编辑界面，在上方的文本框中输入需要发送给文章作者的私信内容，然后单击"发送"按钮即可。

> **Tips** 因为正常人都记不住太多的名字，所以人们在不同平台上使用的ID会非常相似，有些甚至使用同一个名字。比如：一个人的微信号有可能是他的邮箱前缀，而他的邮箱前缀也有可能就是他的微博ID，即使不完全一样，也可以通过推测、测试或比对头像等方式确认哪个是他本人的。通过推测我们一般可以找目标人的微信账号、邮箱地址、Facebook账号、领英（LinkedIn）账号等。结合搜到的其他信息再通过关键词不同组合进行查询，抽丝剥茧，一般都能找到他。
>
> 不过，一些公众人物会在微博或微信公众号上清楚地标明自己的联系方式，比如，联系业务用一个联系方式，法律问题用另一个联系方式，所以没必要非要给他发私信，

直接按照他指定的方式联系就行了。当然他提供的联系方式不一定就是他本人的，但肯定是负责对应事项的。有时候效率最高的不一定是找到本人，而是找到对的人。

同步训练 给搜索到的微信文章作者发信息

操作提示：

❶ 通过微信搜索自己感兴趣的内容；

❷ 找到自己喜欢的文章链接，并打开查看具体的内容；

❸ 通过扫描二维码添加对方微信公众号；

❹ 进入微信公众号主页，单击键盘图标，输入自己想要和对方交流的信息并发送。

7.5 专业系统

除了前面介绍的方法外，还有一些专业系统可以用于搜索人脉关系，包括专业的沟通平台、行业专属数据平台等。

1. 专业的沟通平台

专业的沟通平台不一定通过发私信的方式联系对方，有些还有更好的方法进行沟通。例如，知乎这个平台藏龙卧虎，各路"大神"云集。对于"大神"，你想和他有交集时，除了点赞、关注，可以直接发站内的私信外，还可以通过向他提出一个有价值的问题，邀请他来回答，以此作为沟通的敲门砖。当然，不是你邀请了，他就能关注你，关键是你提的问题要引起他的兴趣。所以，在问题的设计上要下一番功夫。

在知乎上提问并要求他人回答的具体操作步骤如下。

步骤①　打开浏览器，❶进入自己在知乎的首页；❷单击顶部的"提问"按钮，如图7-4所示。

图7-4　单击"提问"按钮

步骤②　在弹出的界面中，❶输入要提问的内容主题；❷在文本框中详细描述问题内容；❸单击"发布问题"按钮，如图 7-5 所示。

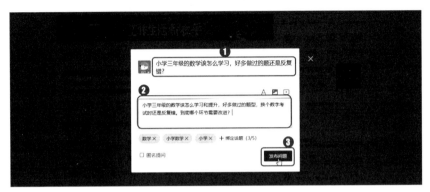

图 7-5　编辑并发布问题内容

步骤③ 跳转到问题页面，❶在问题下方的搜索框中输入想要邀请人的关键词或其
知乎名称；❷单击"搜索"按钮；❸在下方会显示搜索到的相关知乎用户，
单击需要邀请的用户后的"邀请回答"按钮，如图 7-6 所示。

图 7-6　邀请指定知乎用户参与回答问题

> **Tips**　有些知乎"大神"也会在他的签名中留下微信号、公众号、邮箱等联系方式，可以
> 进一步沟通。

如果知乎中免费的提问不能得到你心目中"大神"的回应，你还可以付费让他
开口。知乎中有付费咨询，另外还有分答等其他付费问答平台。如果他进驻了在
行这个咨询平台，你也可以付费把他约出来当面咨询。

在行风靡各大城市，是国内领先的知识技能共享平台，其中入驻超过 9000 名
各领域的行家高手，包括创投专家、企业领袖、职场大咖、知名学者、心理咨询

师、摄影师等，而且在行对行家的资质和背景审核非常严格。所以当你遇到某些领域的问题，周围人不能提供参考的经验时，或是需要个性化的服务需求时，都可以在在行直接找"对"的人进行答疑解惑。可以与行家约线下见面，也可以约线上沟通，十分便捷，约聊的具体操作步骤如下。

步骤 ① 打开浏览器，❶通过搜索进入在行的首页界面；❷在搜索框中输入要聊天的内容关键词；❸单击"搜索"按钮，如图7-7所示。

图7-7 搜索聊天内容关键词

步骤 ② 找到符合聊天内容的对应行家，在列表中显示了各行家的相关信息和约聊费用，以及约聊次数和其他用户给出的综合评价得分。根据个人需要选择要约聊的行家姓名，如图7-8所示。

图7-8 选择要约聊的行家姓名

步骤 ③ 进入所选行家的介绍页面，❶在右侧选择需要约聊的方式，如这里选择"语音电话"选项；❷单击"一键约聊"按钮，就可以联系对方了，如图7-9所示。

图 7-9　选择约聊方式

作为兼顾职场信息和社交的平台，如脉脉和领英，它们可以帮用户触及更大的潜在职场人脉圈。由于这类平台通常要求用户实名认证，所以相比于线下耗时耗力的商务社交，它们获取信息更加便捷、高效，简直就是职场人士的社交神器。交友、交流合作、求职招聘……不仅提升了工作效率，还能增加市场机遇。

2. 行业专属数据平台

在第 6 章中我们介绍了查询律师、失信人、企业股东、医生、证券从业人员、注册会计师信息的方法，其中有些信息就包含联系方式。如果没有提供，也可以通过"姓名＋关键词"的搜索方式来获取。

当然，也有专业的行业数据平台提供相关信息。例如，前面介绍的通过国家市场监督管理总局的国家企业信用信息公示系统查询公司的工商登记信息，这个系统在面向公众提供查询时，屏蔽了联系电话和邮箱信息。所以通过这个系统找不到公司的联系方式。不过，有几个功能类似的非官方系统（天眼查、启信宝、企查查），整合了国家企业信用信息公示系统、裁判文书网、失信被执行人查询、专利查询、域名备案系统等多个方面的官方权威信息，可以一站获取全方位的公司信息，包括企业法人、企业核心人员的联系方式。

> **Tips**　工商登记系统中的联系方式不一定是本人的联系方式，但一般都是公司重要的联系方式，通过这个联系方式也可以找到目标人物的线索。这个方法特别适合营销人员找客户，尤其当这些客户是中小企业时，这个方法就更好用了。如果需要查找某地域某类型公司的所有联系方式，那么可以输入公司类型所包含的关键词，再选择地域进行筛选即可。

图 7-10 所示的是在启信宝中通过搜索姓名找到的相关信息，在搜索结果列表中根据省份、行业筛选一下，然后参考其他股东、高管等信息，基本可以确定要

找的公司是哪一个。这样就能从公司基本信息中找到企业负责人的联系方式了。

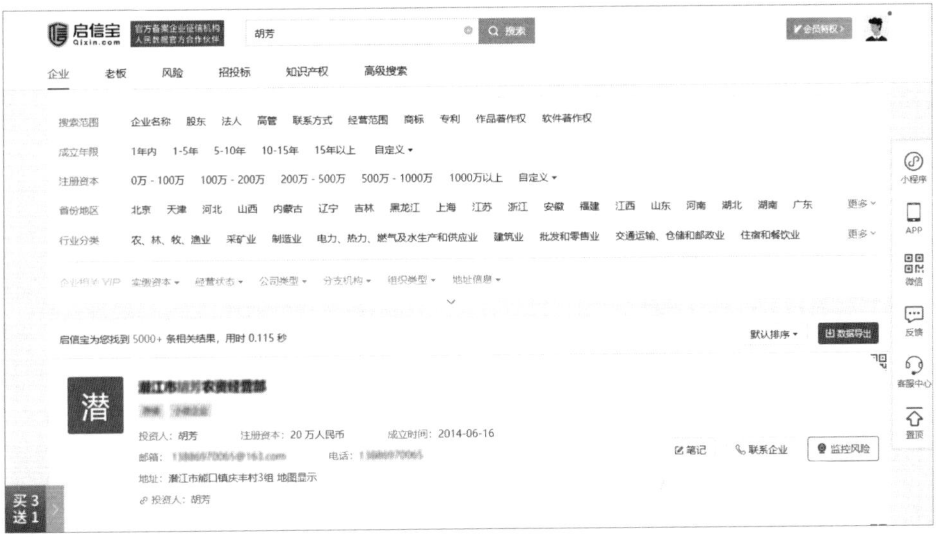

图 7-10 启信宝中提供的企业负责人联系方式

此外，各个行业都有一些专业平台，很多大咖都会参与到同行的圈子、行业的论坛，所以通过平台找对应的人会更容易一些。例如，你有融资需要，可以在投中网中查看从 2000 年至今活跃在中国大陆的投资基金(VC/PE)、相关投资人和企业家，以及 VC/PE 支持的被投资企业的详细信息，如图 7-11 所示。

图 7-11 在投中网查找投资方面的人脉

如果你想了解有哪些资本注入了自己所在的创业领域，那么可以在 IT 桔子平台中获取相关投资人的联系方式或邮箱，如图 7-12 所示。

图 7-12　在 IT 桔子平台查找投资信息

假如你想联系财经方面的能人，蓝鲸财经就是深度分析财经资讯的平台，如果你有记者证的话注册后就可以获得用户通讯录（已注册用户的通信信息），然后就可以通过线上会议平台与上市公司高管直接对话了。

7.6　QQ群中找线索

当下，我们每个人或多或少都加入了一些QQ群，有的人还是群主，而这些群的名字取得往往比较直白，比如川师科研群、深圳买房购房租房交流群等，很容易搜索。所以我们只要知道输入目标机构或组织所含有的关键词，通过QQ搜索到相关群，然后尝试加群，你与目标人物的距离就近多了。这个方法可能还会让你进一步了解人脉相关的私人信息，但需要适度使用，以免给他人带来不便。

能加入群里更好，即使加不进去，你至少能看到这个群所有管理员的QQ号码，说不定你要找的人就是这个群的管理员。

另外，现在很多大咖都会建立自己的社群，你可以在网上搜索他们开设的课程或参与的圈子，就能和他们通过线上的方式取得联系。不过现在很多大咖在海报上留下的联系方式都是助理的联系方式，如果无法联系到本人，通过助理进行联系也是不错的选择。

> **Tips** 向大咖申请加微信好友时要注意写清楚自己是谁、添加好友的目的，大咖的粉丝都不少，如果只是单纯地申请好友，对方通过的可能性就不高，所以一定要抓住第一次沟通的机会。

同步训练 尝试联系某个期刊的编辑

操作提示：

❶ 在QQ中输入期刊名称找群；

❷ 根据QQ群人数、创建时间、人员构成、群主和管理员信息，鉴别哪个群是自己要找的；

❸ 获取管理员联系方式并添加。

7.7 学术文章中找E-mail

如果你要找高校老师或科研人员的联系方式，还可以从他的学术文章中找E-mail。

论文中一般有作者简介，有些期刊要求作者在作者简介中提供E-mail，所以我们可以通过作者的文章找到这个人的E-mail。找文章，很简单，去CNKI、维普、WOS等数据库找就好了。

同步训练 通过学术文章查找本书作者的 E-mail

操作提示：

❶ 进入CNKI的首页界面；

❷ 设置检索条件，查找作者的期刊论文；

❸ 下载全文，查看作者简介。

本章小结

　　这一章我们主要介绍了 7 种找到目标人物联系方式的方法，对于公布过自己联系方式的目标人物，查找时通过单位官网、直接搜索、学术文章中查找信息就可以了；对于参加了行业相关社群、论坛或专业系统的目标人物，通过发私信、专业系统进行联系即可。有些目标人物的联系方式保护得很好，只能通过推测＋验证、QQ 群查找的方法进行人脉搜索。比较常见的联系他人的平台有微博、微信、知乎、在行、脉脉、领英等。

第 8 章

求职应聘：获取信息，求职更高效

求职应聘，绝大多数人都会遇到，而且有的人还会遇到很多次。无论是职场小白还是有一定工作经验的职场人士，求职应聘前，先从搜索开始，可能更有效率。

一般的流程是这样的：通过搜索跟进行业市场，保持对市场的敏感度，关注行业薪资水平，积极搜索新的或更好的职业发展机会。如果有了新目标，就需要准备简历了，简历的制作也可以通过搜索来提高完成的效率。有幸获得面试资格的话，你还需要掌握一定的面试技能，也可以通过搜索来学习。至于这个流程也不是完全被动接受的，你是可以提前规划的，也就是说求职的方向和路径你可以提前做好攻略，这部分的内容网上也有很多，都可以搜索到。那么，本章就来学习求职应聘方面与搜索有关的内容，期待你学完之后能实现职场进阶。

8.1 搜求职攻略：知乎、微信、B站、小红书、百度全家桶

因为我是一名大学老师，所以快毕业的学生经常会问我如何找工作的问题。针对这类问题，我总是建议他们自己在知乎、微信、B站、小红书、百度全家桶或一些大型招聘平台的社区里，以"找工作""求职""应聘"等为关键词搜索一下，很容易就能找到别人分享的一些求职经验了。

图 8-1 所示的是我在知乎中用"如何高效地找工作？"作为关键词进行搜索的结果，有近 850 个回答，这些回答里面有很多干货内容。事实上，很多事情都可以从找攻略开始，别人的经验和教训能帮助我们避开很多坑。

图 8-1　在知乎上搜索求职攻略

各个行业，不同细分领域的不同问题可以获得的攻略是不同的。大家可以尝试去搜索找到答案。下面主要说说求职者都面临的一个问题——简历如何获得HR的青睐。

因为现在热门或大公司的每一个职位平均都有数百上千的投递量，想让你的简历早点被HR看到，最大可能地获得面试机会，在制作简历前需要研究HR，研究他们在整个挑选简历的过程中是如何初选、精选、推荐简历的，在求职过程中分析HR的流程、方式和心理，研究他们的特点和弱点，有针对性地各个击破。

HR通常会在较短的时间内完成挑选简历的过程，大致分为几个环节。

第一步初选，主要用5～10秒查看简历上的基本信息（姓名、性别等一般位于简历最上方的信息），从某个职位的数百上千份简历中粗选出几十份。基本信息部分的重要性达到了95%，等你通过了第一轮的筛选，简历中的其他部分内容才会被看到。基本信息一定注意不要写得含混不清或让对方难以理解。至于具体各项内容如何填写，可以搜索一下找到答案。

HR筛选简历的第二步，大概是从上一个环节中筛选出的几十份简历挑出10份更好的。由于简历中的工作内容描述性文字比较多，所以HR一般会选择查看文字更少的个人综述。这部分切忌长篇大论，最多写与工作有关的5条内容即可，最重要的是写自己在某一个行业中某个专业领域的工作年数，其次是写一些你有而他人无的资历、证书和品质。如果实在没有写的，一句"能在强大压力下工作，可适应出差"也可以算是人无我有的内容。

第三步，HR才会从筛选出的10份简历中查看工作经验，并与所招聘职位的要求描述进行一一比对。了解了吧，我们以为非常重要的工作经验在最后才会被HR看到。而且因为时间关系，他们往往只会看你最近这份工作的情况，其他的经验最多扫一下公司名，而且不会逐条去看，所以你最好按照时间倒序列出你的工作经验。

同步训练 ▶ **找一找制作简历的攻略**

操作提示：

❶ 进入知乎的首页界面；

❷ 以"简历上的哪些内容才是HR眼中的干货？"为关键词进行搜索；

❸ 查看相关的搜索结果内容。

8.2 搜简历模板：filetype语法、WPS Office

前面我们介绍了制作简历的一些攻略，具体制作时，如果你对自己的Word水平和审美有信心，可以亲自动手做。如果不够自信，也有其他方法实现：找别人的简历，置换成自己的内容。

简历模板可以在搜索引擎中搜索，也可以在提供模板的软件中搜索，如WPS Office。

在搜索引擎中搜索模板需要掌握一定技巧才能让结果更符合需求，一般需要用到filetype语法，关于该语法的相关介绍将在本书第18章中详细讲解。这里以在搜狗中搜索电子文档版的简历模板为例进行介绍，具体的操作步骤如下。

步骤 1 进入搜狗搜索界面，❶在搜索框中输入"简历 filetype:doc"；❷单击"搜狗搜索"按钮，如图8-2所示。

图 8-2 搜索"简历 filetype:doc"

步骤 2 在新的界面中可以看到搜索到的Word版简历列表，单击对应的标题超级链接，如图8-3所示。

图 8-3 单击对应的标题超级链接

步骤 3 在弹出的对话框中，❶设置下载文件的保存名字和保存位置；❷单击"下载并打开"按钮，如图 8-4 所示。

图 8-4　设置下载选项

步骤④ 使用相同的方法多下载几个简历模板，然后选择满意的简历，按照自己的实际情况填写和修改简历中的相关内容，另存为 PDF 就完成了。

> **Tips** 强调一下，如果对方接受电子文件版简历，最好发 PDF 版。为什么？一方面是 PDF 版的文件，打开时格式不易错乱；另一方面我也是在攻略里看到的，还是一个大公司的 HR 说的，经验之谈。

同步训练　利用 WPS Office 制作个人简历

操作提示：

❶ 打开 WPS Office，进入首页；

❷ 单击界面顶部的"找稻壳模板"选项卡；

❸ 在新界面中的搜索框中输入"简历"进行搜索；

❹ 通过缩略图查看简历效果，选择并下载需要的简历模板；

❺ 根据自己的实际情况填写和修改简历中的相关内容。

8.3　在线简历生成器：五百丁、知页

实际上，找别人的简历置换成自己的内容这种方式已经 OUT 了，现在做简历直接可以用在线简历生成器，可供免费使用的有很多。大概就是登录一个网站，在预留的空白处填写内容，填好后选择一个模板，然后下载，一个 PDF 版的简历就完成了。在这个过程中你只需要负责填写合适的内容就好，不用关注格式。

> **Tips** 在线简历生成器目前商业化运作的比较多，免费使用的模板有限，付费后才能获得更精美的模板。

下面以在五百丁简历中在线制作简历为例，看一看大致的操作步骤。

步骤① 打开浏览器，❶通过搜索进入五百丁简历的首页界面；❷单击顶部的"模板"下拉按钮；❸在弹出的下拉列表中选择"简历模板"选项，如图8-5所示。

图8-5 选择"简历模板"选项

步骤② 进入新界面，其中列出了所有的简历模板。在顶部搜索框中可以输入关键词进行搜索，也可以在左侧通过设置模板风格、岗位、院校、用途、语言等选项来筛选需要的简历模板。找到需要使用的模板后，将鼠标光标移动到该模板的封面上，单击"立即免费制作"按钮，如图8-6所示。

图8-6 选择模板并单击"立即免费制作"按钮

步骤③ 进入简历模板编辑界面，❶在需要输入内容的位置单击鼠标，即可让对应区域进入编辑状态，输入具体的内容即可；❷输入完成后，单击页面右上角的"下载"按钮进行下载，如图8-7所示。

图 8-7 填写内容并下载

同步训练 通过知页在线生成个人简历

操作提示：

❶ 进入知页的首页界面；

❷ 选择并单击需要使用的简历模板超级链接；

❸ 输入具体的内容；

❹ 输入完成后下载简历。

8.4 搜招聘信息：三大途径利用好

接下来就可以搜索招聘信息了，主要是了解有什么样的职位，薪资水平如何，公司环境好不好等信息。去哪里搜索呢？下面介绍三大类网站。

1. 招聘网站

大型招聘网站相信你听到过不少，如智联招聘、猎聘网、BOSS直聘、前程无忧等，这里我给大家再推荐 2 个 App——领英和脉脉，这两个 App 不仅可以找工作，还是人脉社交工具，即使不找工作，这 2 个应用对你人脉的积累与管理也有帮助。

2. 高校的就业信息网

找招聘信息，除了去这些招聘网站、参加招聘会之外，还可以通过高校的就业服务机构，比如招生就业处这些网站来查找，由于经过了学校审核，相对更靠谱。尤其是大学生找工作，更应该在这些网站上找，而且不一定非要是自己学校的，比如你毕业之后要在其他城市找工作，就可以到该城市的高校就业信息网去查找。

3. 招聘单位官网

如果你坚持要去的目标单位比较大，也可以直接到目标单位的官网查看相关信息，多数大型公司的官网上有"诚聘英才"之类的栏目。这样求职更直接，而且没有中介介入，更安全。即使不打算去求职，也可以多看看大公司的招聘要求，那就是你要努力的方向。

> **Tips** 我本科毕业后去证券公司、硕士毕业后去高校，找工作的时候都是用这种方法，直接在官网找联系方式，人家根本就没发招聘信息，我就先发了份简历，后来他们招聘的时候，就给我发了面试通知。

同步训练 通过当地某高校就业信息网找安全招聘信息

操作提示：

❶ 进入四川大学的就业指导中心网站的首页界面；

❷ 查看提供的招聘信息内容。

8.5 评价目标公司

求职招聘是双方互相选择的事，公司要考查求职者能否胜任工作，作为求职者的我们也要考查公司。评价一个公司，我前面提到过几个权威工具，这里再补充说明一下。

通过国家信用信息公示系统了解公司运营状态。

通过裁判文书网、失信被执行人名单、限制高消费人员名单，了解涉及的诉讼和司法执行信息。

通过知识产权局的专利和商标查询评价公司的实力和潜力。

通过工信部的域名信息备案系统了解公司网站域名备案信息，如图 8-8 所示。没备案的有问题，一个网站备案的域名过多，可能也有问题。

图 8-8　查公司网站域名备案信息

如果觉得通过这些官方渠道一个一个去查比较麻烦，你可以通过天眼查、企查查、启信宝等网站一站获取上述信息。

8.6　面试准备

投了简历，如果你有幸进入面试环节，获取信息准备面试也是必要的。面试前可以从百度经验、wikiHow、微信公众号、知乎等渠道搜索面试的技巧。

图 8-9　在 wikiHow 中搜索求职面试技巧

> **Tips**　不要忘了，前面你从天眼查等平台上找到的公司相关信息也是准备面试的不错材料。

不同平台搜索技巧可能有些许不同，例如知乎中不仅可以直接搜索问题，而且可以搜索话题。有时候我们选择的检索词不一定很准确，可能会漏掉很多重要内容，而话题下的问题，范围就宽泛多了。下面以在知乎中搜索面试技巧为例，介绍从知乎话题开始查找干货的具体操作步骤。

步骤①　打开浏览器，❶通过搜索进入知乎的首页界面；❷在搜索框中输入选定的关键词，如"面试技巧"；❸单击"搜索"按钮，如图 8-10 所示。

图 8-10 搜索关键词

步骤② 出现搜索结果界面，❶选择上方的"话题"选项；❷在下方的话题列表中选择想要查看的话题名称，如图 8-11 所示。

图 8-11 选择想要查看的话题名称

步骤③ 进入对应话题的页面，在下方可以看到很多问题和讨论。❶选择上方的"精华"选项，这样能看到更多的干货，因为能收进精华区的，要么是回答比较多的，要么是点赞比较多的内容；❷在下方选择想要查看的话题名称，即可看到该话题的具体内容，如图 8-12 所示。

图 8-12 查看精华话题内容

同步训练 通过知乎学习职场礼仪干货内容

操作提示：

❶ 进入知乎首页，搜索"职场礼仪"相关内容；

❷ 选择查看合适的"职场礼仪"话题；

❸ 进入"职场礼仪"话题的精华区，查看"什么是同事打死都不会跟你说的'职场套路'"问题的答案。

 本章小结

　　这一章我们聚焦于搜索，从资源和工具的搜索、获取、推介的角度讲解了有关求职应聘的相关内容。主要是想让大家了解在求职应聘过程中要有找攻略的意识，掌握简历模板的使用及在线简历生成器的操作，会用招聘网站、高校就业信息网及公司官网查找求职信息，能够用官方权威平台评价目标公司，也需要提前掌握面试相关技巧。在每一个环节都尽量早做准备，知己知彼，抓住就职机会。

第 9 章

设计素材：免费资源，轻松获取

　　无论你是学生党，还是职场人士，一定经常会接触素材的搜索和使用。本章就来介绍图标、图片、字体和音频等素材的搜索方法。也许你会想，这个太小儿科了吧！因为提供这些素材的网站确实很多，不过我要告诉你，尽管有些内容你可能已经熟悉，平常也在使用，但我相信，本章的内容还是会带给你新的收获。希望通过本章内容的学习，能改变你对素材搜索的看法。

9.1　iconfont：海量图标，免费下载

　　图标大家应该很熟悉吧，看一下你手机屏幕或计算机桌面上那些正方形的小图片，就是图标了。只要在计算机上安装软件或在手机上安装 App，就会在计算机桌面上或手机屏幕上增加一个对应的图标。

　　图标实际上是一种特殊的图片，由于计算机程序和手机应用一般都要用图形化的界面，而这些图标是必不可少的，所以做程序开发时经常会用到图标。除了程序开发时会用到图标，图标的应用还很广，做美工、做设计、做 PPT、做网页时都离不开图标。

　　图标库有很多，有专门的搜索图标的垂直搜索引擎，稍微探索一下就能找到。例如，可以用搜狗中的微信搜索功能，以"图标搜索"为关键词进行搜索，然后就能找到多个图标库的推荐文章，如图 9-1 所示。查看文章内容后，对其中推荐的图标搜索工具进行实践操作即可。

图 9-1　搜索与"图标搜索"有关的微信文章

图标搜索，首推的是iconfont，它是阿里巴巴旗下的一个知名图标库，其中提

供AI、SVG、PNG三种矢量格式供用户选择，而且可以自定义设置图标的填充色，还支持将图标转换为字体，便于前端工程师自由调整与调用。

例如，要在iconfont中下载一个浅黄色的电脑图标，具体操作步骤如下。

步骤 1 打开浏览器，❶通过搜索进入iconfont的首页界面；❷在搜索框中输入"电脑"，按"Enter"键进行搜索，如图9-2所示。

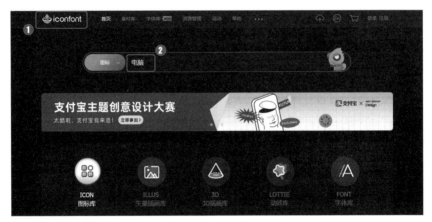

图9-2 搜索"电脑"图标

步骤 2 打开搜索结果界面，在顶部显示搜索到5000个"电脑"图标。❶在菜单栏中可以对图标的颜色、类型进行设置，这里保持默认设置；❷将鼠标光标移动到想要保存的图标上；❸在显示的下拉列表中可以对该图标进行入库、收藏和下载操作，这里单击"下载"图标，如图9-3所示。

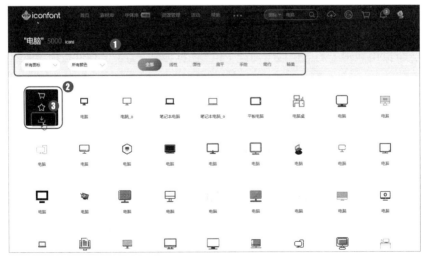

图9-3 单击"下载"图标

步骤③ 弹出下载设置界面，❶在图标显示效果的下方提供一排色块，选择即可为图标添加对应的填充色，这里选择黄色；❷在底部选择要下载的图标格式，这里单击"PNG下载"按钮，如图9-4所示。

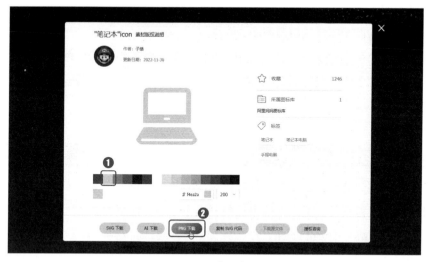

图 9-4 设置图标填充色和下载格式

步骤④ 弹出下载界面，❶设置图标要下载保存的文件名和保存位置；❷单击"下载"按钮，如图9-5所示，稍后即可在设置的保存路径下看到下载的PNG格式的图标文件。

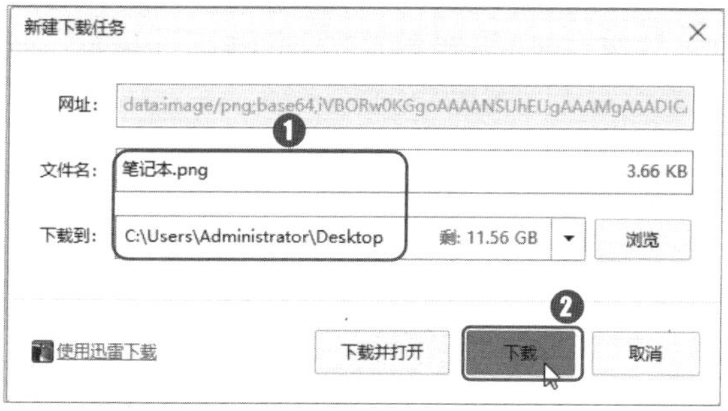

图 9-5 下载文件

Tips 这里再推荐两个图标库，undraw和illustrio。undraw是一个国外的图标库，图标种类和数量繁多，而且图标比较有质感。可以自由换色，提供PNG和SVG矢量格式下载，基于CC0协议，可以免费商用。illustrio对于设计小白非常适用，平台提供成套的在线配色方案，通过选择即可任意切换。这个系统还预设了16种特效，可一键实现风格变换。

同步训练 ▶ 找到心仪的图标库下载图标

操作提示：

❶ 通过搜索查看他人推荐的图标库；

❷ 进入各推荐图标库的首页界面；

❸ 以同一个关键词进行搜索（提醒一下，在英文搜索系统中，搜索关键词最好用英文），对比各图标库提供的素材效果，并选择心仪的图标库，以备后续使用。

9.2 wallhaven：壁纸图片搜索

考虑到换个壁纸就可以改变计算机桌面的整体效果，大部分人对于收集壁纸这件事还是很喜欢的。提供壁纸下载的网站也很多，这里主要为大家推荐一个非常受欢迎的网站——wallhaven。

wallhaven提供的壁纸质量上乘，还免费，原图无水印，而且用户体验也很好，不会有广告。wallhaven采用"图片归类"的分类方法，将所有图片分为General（一般）、Anime（动漫）、People（人物）三种；还采用图片"纯洁度"的分类方法，分为SFW、Sketchy、NSFW三种。SFW是Safe for Work的缩写，意为适合工作场合；NSFW是Not Safe for Work的缩写，意为不合适工作场合；Sketchy则介于前两者之间。通过单击顶部的按钮，即可设置筛选选项的组合，从而获得不同的搜索结果，如图9-6所示。

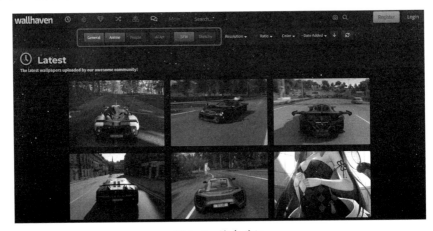

图 9-6　搜索壁纸

选择某张壁纸后，在图片详细页中除了可以获得图片的原图链接外，还可以通过图片标签获取与之相似的图片，如图 9-7 所示。通过标签我们可以知道图中的人物或景物的相关信息。

> **Tips**　wallhaven 是一个社区型的壁纸网站，还具有手机版。只有注册用户才可以进行上传图片、收藏图片、为图片添加标签等操作。注册用户也享有更多的浏览权限，如 NSFW 图片需要登录用户账号才能查看。

图 9-7　查看图片详细信息

同步训练　在图鱼中搜索底纹素材

操作提示：

　　做网页需要一些纹理素材，这样可以用比较小的图片文件平铺成任意大的空间，看不出拼接的痕迹，但这就要求图片具有完美的平铺对称性。

❶ 通过搜索进入图鱼的首页界面；

❷ 输入关键词搜索需要的纹理素材图片；

❸ 下载并使用合适的图片。

9.3　Unsplash：无版权图片搜索

图片搜索估计大家都比较熟悉，常用搜索引擎有百度、谷歌、搜狗、360 等，毕竟这些综合搜索引擎都有专门的图库，互联网上还有一些专门搜索图片的图库网站。图片搜索的过程一般比较简单，输入一个关键词，按"Enter"键后就能匹配到结果。用这种方式搜索图片，个人使用问题不大；如果是商用，一定要关注版权问题。图片搜索，如何搜得高效、用得放心？你需要的是基于CC0协议的优质图库。

CC0协议，也就是版权共享协议，基本理念是：创作者把作品的版权共享给全世界，自己不再持有版权。所以，基于CC0协议的图片，我们可以随便用、随便改，无须他人授权，也无须付费。

互联网上的CC0图库很多，这里推荐使用Unsplash。它是一个国外知名的高清免费图库，在之前没有推出手机客户端的时候，大量专搜Unsplash图库的第三方App出现了很多，就这一点，就能说明Unsplash在图库界的地位。当然，现在Unsplash有官方的App了。

Unsplash的首页效果如图9-8所示，下方提供很多最新上传的图片，也可以在搜索框中输入关键词来搜索相应的图片，操作方法基本与前面的介绍类似，这里就不再赘述了。

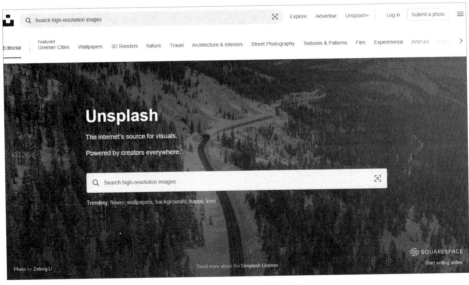

图 9-8　Unsplash首页效果

> **Tips**　Pixabay也是一个国外的基于CC0的图库，不仅提供矢量图、插画等特殊类型图片，而且可以根据类别、尺寸、主要颜色、方向等条件进行限定和筛选。

同步训练 通过搜索寻找提供动图的网站

操作提示：

❶ 通过搜索查看他人推荐的动图资源库；

❷ 进入各推荐动图资源库的首页界面；

❸ 以同一个关键词进行搜索，对比各资源库提供的素材效果，并选择符合自己品味的资源库，以备后续使用。

> **Tips** 推荐几个动图网站：一个是国外知名的动图搜索引擎 Giphy，号称"GIF 中的 Google"；一个是国内的动图网站——soogif，这个网站不仅提供动图的搜索与下载，而且提供动图相关的在线工具；还有一个有意思的动图搜索网站，也是表情包的大本营，网站名称是"逗比拯救世界"。

9.4 百度/搜狗的以图识图

小丽在做一个 PPT 时，从网上找了一张图片，虽然这张图片的效果和内容都不错，很适合放在 PPT 的某个幻灯片中，但图片太小了，而且上面还有一些水印和标记。直接放大后处理图片，由于分辨率太低了，人为放大就出现了锯齿和马赛克，处理起来非常麻烦。

我在一旁看着她操作，忍不住提醒她去网上搜索一张更清晰的图片。她抱怨说搜索半天了，就觉得这张图片最合适，没办法才处理图片的。我就笑着告诉她，可以用百度图片搜索的以图识图功能搜这张图片更清晰的版本。她顿时眼里放光地看着我，要求指导。其实以图识图就是用图片搜索图片，操作并不难，具体操作步骤如下。

步骤① 打开浏览器，❶进入百度的首页界面，或者进入百度的图片搜索界面；❷单击搜索框右侧的照相机图标，如图 9-9 所示。

图 9-9 单击照相机图标

步骤② 弹出一个小界面,将需要作为检索信息的小图片拖动到该界面中的"拖曳图片到这里"框中,如图 9-10 所示。

图 9-10 拖曳图片

> **Tips** 百度的以图识图功能提供 3 种方法上传图片:如果是网络图片,可以直接粘贴图片的网址到搜索框中;如果是本地图片,可以单击"选择图片"按钮,然后指定要上传的图片文件;也可以直接把图片拖曳到"拖曳图片到这里"框中。

步骤③ 等待图片加载成功后,就会打开新的页面,在其中可以看到与上传图片类似的多个来源的图片,单击即可查看有没有高清的图片,如图 9-11 所示。

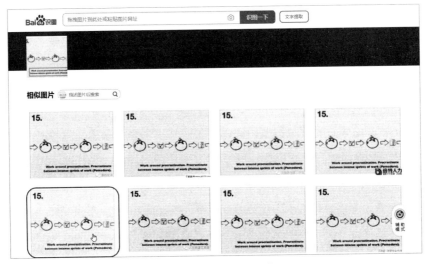

图 9-11 查看相似图片

> **Tips** 与百度识图类似的识图网站还有几个,国外比较有名的有谷歌识图、tineye,国内的搜狗识图、360 识图也很不错。目前,已经有不少图片搜索系统支持以图识图功能,大家可以尝试着去探索一下。

步骤 ④ 在打开的新页面中可以看到选择的图片的放大效果，如果找到合适的图片，
❶直接在其上方右击，在弹出的快捷菜单中选择"属性"命令，在打开的
对话框中就可以看到该图片的具体分辨率了；❷在合适的图片上右击后，
在弹出的快捷菜单中选择"图片另存为"命令，就可以对图片进行保存了，
如图 9-12 所示。

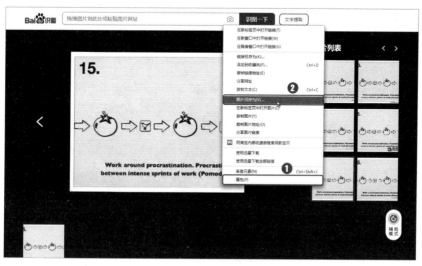

图 9-12 保存图片

步骤 ⑤ 在搜索结果界面的下方还显示了这张图片的多个来源，单击其中一个来源
链接，如图 9-13 所示。

图 9-13 单击图片来源链接

步骤⑥ 打开链接对应的页面，可以看到这张图片原来出自的文章内容，同时发现了这张图片原来是一个系列，由 26 张相关的图片组成，如图 9-14 所示。

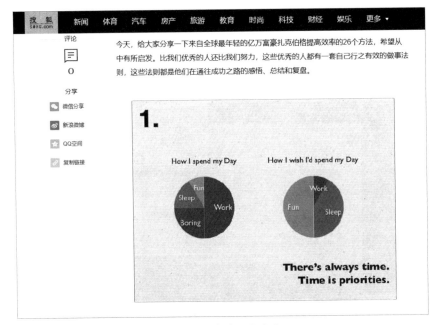

图 9-14　查看原文内容

Tips 除了用于分辨率不高的小图找大图，根据一张图片找到系列的图片外，以图识图功能最常用的一种使用场景，你可能已经用过——在淘宝、京东中拍照找同款。

同步训练　通过识花君小程序拍照识花草

操作提示：

❶ 在微信小程序界面搜索"识花"；

❷ 在搜索结果中选择识花君小程序；

❸ 进入程序，并将摄像头对准要识别的花草进行拍照；

❹ 查看系统提供的花草信息。

Tips 关于花草识别，支付宝中有一个名为"AR识花"的生活号，App 还有不少，比如花伴侣、花帮主、微软识花、形色识花等，微信中的识花小程序更多，识花君是腾讯研发的。

9.5 求字体：字体识别与搜索

爱设计的玲子有一天问我有没有这种经历，就是在大街上或是网上看到一些设计图片，发现里面的字体很好看，自己也想使用这款字体。怎么办呢？

我对玲子的观察入微和探索精神很是佩服，于是帮她继续深挖这个问题。"现在的广告一般都是用计算机做出来的，只要不是手写和创新的文字，那么就是广告设计师的计算机中安装了这款字体。如果你的计算机中也安装了这款字体，那么你也能使用这款字体。"

"搜索吗？用什么检索词呢？我想知道它采用的是什么字体，可是字体的样子很难准确描述。"

"试试看有没有能识别字体的工具"，带着这样的问题，我们以"字体识别"为关键词果然搜索到了好多种工具。求字体就是其中的一个字体识别工具，于是我们通过一个例子练习了一遍字体识别工具的用法，具体操作步骤如下。

图9-15 截取需要进行字体识别的文字图片

步骤① 打开浏览器，通过搜索找到满意的图片，利用截图工具截取需要进行字体识别的文字部分，如图9-15所示。

步骤② ❶通过搜索进入求字体的首页界面；❷在搜索框下方显示可以将图片拖曳或截图后复制到该处，于是复制刚刚截取的图片，如图9-16所示。

图9-16 复制文字图片

Tips　如果要识别生活中看到的海报等物体上使用的字体，可以先拍照，然后在求字体网站上上传图片进行识别。

步骤③ 上传图片后系统自动去掉了图片上的背景，留下文字显示在下方，不过系统识别有时候效果不佳，选择识别效果比较好的文字，并单击其下方的"确认完整单字"按钮，如图9-17所示。

图 9-17　单击"确认完整单字"按钮

步骤④ ❶继续确认识别效果较好的单字；❷单击"开始搜索"按钮，如图9-18所示。

图 9-18　单击"开始搜索"按钮

> **Tips** 如果系统识别效果确实不好，可以单击"手动拆字"按钮，然后通过拖动图片将每
> 一个汉字组合起来进行识别。

步骤⑤ 弹出提示框，❶在识别字的下方文本框中输入对应的汉字；❷单击"继续
识别"按钮，如图 9-19 所示。

图 9-19 输入对应的汉字

步骤⑥ 显示识别结果，其中罗列了多款字体，通过仔细对比，找到最相似的字体
（一般来说，最接近的字体都排列在最上方），并单击右侧的"下载"按钮
即可对该字体进行下载，如图 9-20 所示。

图 9-20 下载字体

> **Tips** 注意看一下字体的授权信息，字体大多是有版权的，显示为"商用需授权"的表示
> 这个字体个人可以使用，但不能用于商业用途。如果要商用一定需要先获得授权。

Tips　Windows 系统中内置的中文字体款式不多，只要知道了字体名称，就可以到字由网站去搜索对应的字体了。但是字库中的字体是有版权的，使用别人的字库时，需要关注授权方式，注意不要侵权。

同步训练 通过识字体网站识别字体并创作

操作提示：

❶ 拍照或截图想要识别字体的文字内容部分；

❷ 把图片上传到识字体网站，并根据提示进行简单操作；

❸ 在识别结果中找到满意的字体并下载；

❹ 安装字体后打开 Word、Excel、PPT 等软件，为输入的文字应用刚刚安装的字体效果。

9.6 FindSounds：音效搜索

一个爱随手拍抖音的学生某天找到我，说她想给自己的视频添加一些音效增强表现力，不知道音效素材去哪里找。

我没想到现在很多普通人也有收集音效素材的需求了，之前我一直认为只有专业做影视的人才会关注音效素材资源，自己当初也是因为制作PPT时考虑适当加点音效可以烘托气氛才寻找了一下音效素材。没想到我们周边的音效素材资源还挺多。

于是，我便回忆了一下自己的搜索过程，顺带帮她提升信息素养能力。"之前上课的时候我强调过不用百度，首选专业的资源系统。所以，专业的音效资源系统在哪儿找呢？"

她想了想，回答道："不用百度，用搜狗也不准确，应该是用搜狗的微信搜索。"

我笑了笑："那你知道该怎么找了，自己去实践吧。"

你现在知道怎么找了吗？例如，我们要寻找小孩哭泣的音效，具体操作步骤如下。

步骤 ① 打开浏览器，在搜狗中选择搜微信，输入关键词"音效资源"，按"Enter"键后找到一大堆音效资源推荐。

步骤 ② ❶在搜索结果中随便打开一个推荐网站的链接，这里选择打开的是

FindSounds 网站；❷在搜索框中输入"cry"（哭声的英文）关键词；❸单击
"Search"按钮，如图 9-21 所示。

图 9-21 搜索"cry"音效

步骤 ③ 随后在下方显示搜索到的多条结果，❶单击声音超级链接，可以听到对应
的音效效果；❷在觉得合适的音效超级链接上右击，在弹出的快捷菜单中
选择"链接另存为"命令，如图 9-22 所示。

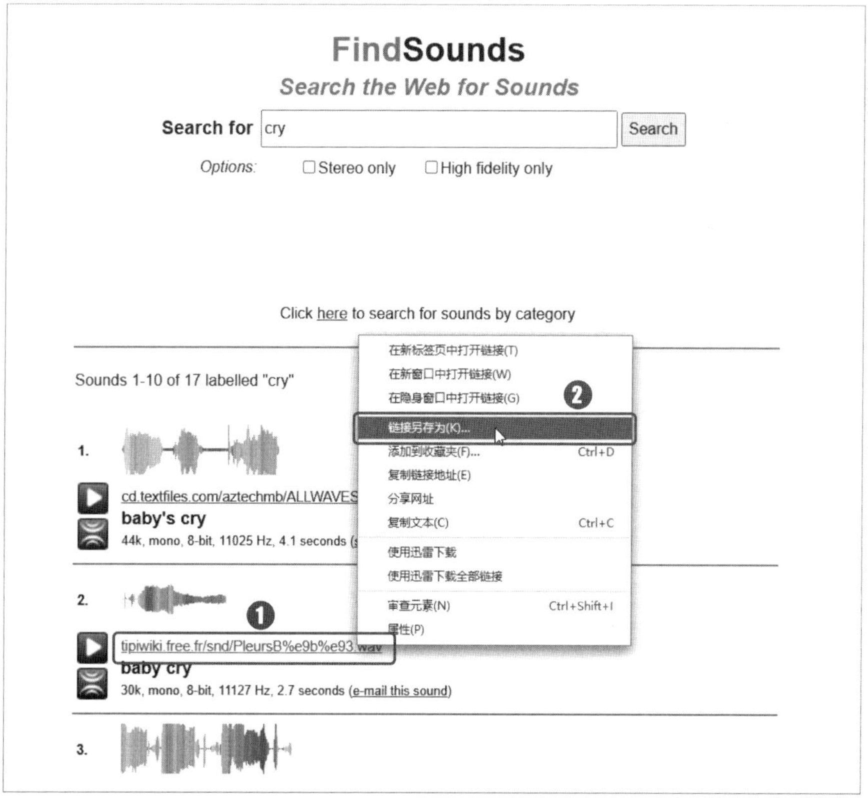

图 9-22 听音效并进行保存操作

步骤 ④ 弹出"新建下载任务"对话框，❶设置音效下载后的保存名称和保存位置；

❷单击"下载"按钮，如图 9-23 所示。稍后即可在设置的下载位置看到下载好的音效文件。

图 9-23　下载音效素材

同步训练 在 FREESOUND 网站中搜索鸟鸣声

操作提示：

❶ 进入 FREESOUND 的首页界面；

❷ 输入关键词搜索音效资源；

❸ 在搜索结果中聆听合适的音效并进行下载。

> **Tips** FREESOUND 中可以看到每个音效的下载量、评价、时长、时间，也可以根据相关指标进行搜索。但是需要登录后才可以免费下载。

9.7　网易云音乐App：听音识曲

某天我和一个朋友约在网球场运动，突然就被正在播放的背景音乐吸引了，那个旋律太优美了，让人很想下载到自己的手机上作为铃声，但不知道是什么曲子，也没有歌词。没有歌词，无法输入文本，搜索是个问题。我就只能打开网易云音乐瞎折腾起来，没想到竟让我发现了听音识曲的功能，具体操作步骤如下。

步骤❶ 打开手机，点击"网易云音乐"应用图标，如图 9-24 所示。

步骤❷ 进入网易云音乐的首页界面，点击右上角的"听歌识曲"图标，如图 9-25 所示。

步骤❸ 进入"听歌识曲"界面，再一次点击界面中的"听歌识曲"图标，如图 9-26 所示。

在使用网易云音乐的"听歌识曲"功能前，需要先启用该应用的麦克风和存储使用权限，才能进行听歌识曲。网易云音乐不仅可以识别比较正式的乐曲，个人的哼唱也能够识别。

图 9-24 点击"网易云音乐"应用图标

图 9-25 点击"听歌识曲"图标

图 9-26 再一次点击"听歌识曲"图标

步骤④ 立即可以看到应用已经开始识别了，效果如图 9-27 所示。如果识别效果不佳，可以根据界面中的提示，将手机靠近声音的来源，等待系统自动识别。

步骤⑤ 等待系统识别出歌曲后，会显示如图 9-28 所示的效果，原来这是一首外文歌曲。❶点击"播放"按钮，可以马上听一下是不是同一首歌曲；❷点击左下角的"爱心"图标，可以将该歌曲添加到自己喜欢的歌曲列表中；❸通过左右滑动可以查找更多想要的音源。

现在主流的音乐类 App 几乎都有听音识曲的功能，如酷我音乐、酷狗音乐、QQ音乐、百度音乐等，如果要识别国外的音乐，尤其是国外的没有歌词的曲子，国内的这几个音乐 App 可能效果就不够理想，这时候可以试试国外的音乐应用，比如SoundHound、Shazam 等。

图 9-27　识别歌曲

图 9-28　查看识别结果

同步训练 **试着哼唱一段小曲让网易云音乐识别一下**

操作提示：

❶ 进入网易云音乐的首页界面；

❷ 点击"听歌识曲"图标；

❸ 在"听歌识曲"界面点击"听歌识曲"图标；

❹ 哼唱小曲，让网易云音乐开始识别；

❺ 查看识别结果是否准确。

 本章小结

　　这一章我们主要介绍了图标、图片、字体和音频等素材的搜索方法。同时在讲解过程中回顾了搜索的关键环节。第一，要有信息意识。遇到问题知道获取信息来解决，遇到新问题要有好奇心，想去解决它。第二，要有探究精神。不是追求一个固定的答案，而是动手搜索，走一步看一步，逢山开路，遇水搭桥，再探索解决问题。第三，要善于用垂直搜索。百度适合找线索，专业的搜索要用专业的工具（垂直搜索网站）去实现。另外，本章中收集的是素材文件，所以一定要注意知识产权。图标、图片、字体和音频等大多是有版权的，使用时要注意授权方式，尤其要商用时一定需要先获得授权。

第 10 章

效率搜索工具：工欲善其事，必先利其器

提到搜索，你可能首先想到的是百度、谷歌等搜索引擎，但这类搜索引擎都是在搜索互联网上的内容。但有时候我们可能遇到这样一个问题，那就是保存在自己计算机中的文件因为忘记了存储位置，需要在本地搜索。

本地搜索，Windows 自带这个功能。在 Windows 10 的文件管理器中选定搜索位置，然后在窗口右上角的搜索框中输入关键词，按"Enter"键即可开始搜索。Windows 10 还支持按照文件类型、文件大小、修改时间等文件属性的限定进行搜索。例如，三个月前的某一天拷贝了一部电影到本地，现在要找这个文件，即便记不住文件名，也可以按照时间、大小、类型进行组合搜索。

Windows 10 版本后的 Windows 中内置的搜索功能不仅可以通过文件管理器中的搜索栏来实现，还可以通过任务栏中的小娜来执行，如输入名称让小娜搜索文档、搜索应用，还能调用必应这个外部搜索引擎。

不过，Windows 内置的本地搜索功能有一个明显的缺点——慢！不是一般的慢，有时候搜索一个文件需要几十秒，甚至超过 1 分钟。在这个快节奏的时代，这样的效率确实不敢恭维。所以，本章重点为大家介绍几款用于本地搜索的小工具，帮助你提升本地搜索的效率。

10.1 Listary：好用到泪奔

上个月一个朋友用微信给我传了一份文件《得到品控手册》。我用电脑版微信接收后忘记了另存，现在还放在电脑版微信默认保存文件的那个文件夹中。我们知道，沟通工具默认接收文件的文件夹埋得很深，这个文件夹的路径太长了，找到不容易，记住更难。怎么办呢？

通过搜索，我在搜狐的网站上发现了这样一篇文章，题目是《国产搜索神器——Listary，好用到泪奔》。于是马上搜索、下载、安装、使用。

不用不知道，一用吓一跳。Listary 虽然只是一款很小的本地搜索软件，但功能确实强大，可以搜索本地文件，可以启动应用程序，还可以调用外部搜索引擎，

更重要的是速度快，操作方便，而且个人用户可以免费使用。

下面，来看看我是如何使用Listary搜索《得到品控手册》文件的吧，具体操作步骤如下。

步骤 ① ❶ 在任意操作界面中连续按两次"Ctrl"键，唤醒Listary的搜索框；❷ 在搜索框中输入"得到"，如图 10-1 所示。

步骤 ② 名称中含有"得到"这两个字的文件和文件夹会立即显示在搜索框的下方，选择需要打开的文件即可快速打开该文件，如图 10-2 所示。

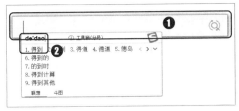

图 10-1 输入搜索关键词   图 10-2 选择要打开的文件

> **Tips**
>
> 使用Listary进行搜索时，输入搜索关键词时，Listary会立即根据我们的输入，持续调整匹配的结果，速度非常快。如果检索词是中文，输入拼音首字母就行了，例如这里可以输入"得到品控"的首字母"ddpk"。
>
> 这里因为要打开排列在第一位的文件，在搜索后直接按"Enter"键就可以打开了。

Listary软件极其简洁，没有主界面，无须到处找搜索框，如果你正在使用其他软件，可以连续按两次"Ctrl"键激活Listary，操作完毕后会自动关闭。Listary不仅可以随时随地搜索本地文件，还可以快速启动应用程序，操作步骤和搜索本地文件类似。

例如，我在使用Word编辑文档时，想要打开百度网盘，查看其中的文档。就可以直接在Word编辑界面连续按两次"Ctrl"键，唤醒Listary的搜索框，然后在搜索框中输入要启动的程序名称"百度网盘"，马上找到，如图 10-3 所示，按"Enter"键后百度网盘就启动了。

图 10-3 启动应用程序

> **Tips** 一切应用程序都可以通过 Listary 来启动，你再也不用找对应图标了。所以计算机桌面上的图标也可以删除了，你的桌面就会很干净。

Listary 还能快速启动网络搜索。例如，在编辑 Word 文档时想在百度中查询"知识付费"的相关内容，通常我们会先打开浏览器，输入百度网址，然后在百度的搜索框中输入检索词，按"Enter"键进行搜索，这样至少要花费二十秒的时间。有了 Listary，我们不用先缩小正在编辑的 Word 文档窗口，直接按以下步骤操作即可。

步骤① ❶在任意操作界面中连续按两次"Ctrl"键，唤醒 Listary 的搜索框；❷在搜索框中输入"关键词+空格+搜索词"即可，这里输入"bd 知识付费"，输入"bd"后的效果如图 10-4 所示。

步骤② ❶继续输入空格，可以看到 Listary 自动将其识别为调用百度应用程序了；❷继续输入"知识付费"，如图 10-5 所示。

图 10-4　输入关键词　　　　　　　　　图 10-5　输入搜索条件

步骤③ 按"Enter"键，浏览器自动启动并呈现百度中的"知识付费"搜索结果，如图 10-6 所示。

图 10-6　调用百度应用程序并显示搜索结果

在上面的案例中，我们输入"bd"直接被Listary识别为调用百度应用程序的原因是Listary系统内置了搜索引擎的相关接口，并提前设置了调用百度应用程序的关键词为"bd"。在计算机桌面任务条右下角工具栏中的Listary图标上右击，在弹出的快捷菜单中选择"选项"命令，如图10-7所示。打开"选项"对话框，在左侧单击"特性"选项卡，然后选择"网络搜索"选项，在右侧的列表框中就可以看到已经设置好的各应用程序接口对应的关键词了，如图10-8所示。

图 10-7　选择"选项"命令　　　　图 10-8　查看各应用程序接口对应的关键词

同步训练 **实现在 Listary 中输入"bl 信息素养"，系统直接在 B 站中搜索"信息素养"**

操作提示：

❶ 打开Listary的关键词设置界面，观察内置的搜索调用命令设置规律（每个字符串后面接"={query}"）；

❷ 进入B站搜索"知识"，在地址栏中观察URL的字符串构成结构（https://search.bilibili.com/all?keyword=后面跟了"知识"二字），基本推断出B站的调用命令（https://search.bilibili.com/all?keyword=）；

❸ 返回Listary的关键词设置界面，单击"+"按钮，根据推断设置要添加的B站关键词信息（Url设置为"https://search.bilibili.com/all?

keyword={query}"），如图10-9所示；

图 10-9　自定义关键词

❹ 使用Listary测试调用B站中搜索"信息素养"，看看是否成功。

> **Tips** Listary除了内置的外部调用外，还可以自定义调用，调用的设置方法类似，大家可以继续添加其他常用网站的调用设置。

10.2　Everything：本地搜索，不输Listary

Listary很优秀，Everything的本地搜索效率更高。

Everything的安装文件包很小，英文版只有几百K，多语言版也只有1M多点。软件体积小、资源占用低，索引效率却很高。而且它是完全免费，可以实时升级的。

Everything下载后双击文件图标即可安装。安装后，默认情况下Everything开机自动启动，常驻内存，需要使用时双击计算机桌面右下角的图标即可，如图10-10所示。然后在打开的对话框的搜索框中输入搜索词，搜索结果几乎是在下方同步呈现的，快得不可思议。图10-11所示的是使用Everything搜索本地计算机中包含"Word"的文件效果。

图 10-10　打开 Everything

图 10-11　使用 Everything 进行本地搜索

> **Tips**　如果"Alt+E"热键没有被其他程序占用，在任何界面下，想搜索本地文件或文件夹时，直接按"Alt+E"组合键也可以唤醒 Everything。

Everything 支持正则表达式进行搜索。例如，要搜索名称中既含有"教育"，又含有"项目"的文件，直接输入"教育 项目"即可，如图 10-12 所示，空格在这个地方表示"并且关系"。如果需要搜索名称中只要出现"教育"或"项目"的文件，中间用竖线连接就行了，即"教育|项目"，如图 10-13 所示，竖线表示"或关系"。

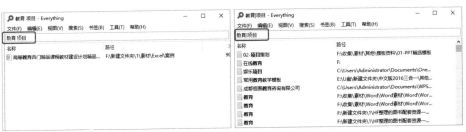

图 10-12　搜索并且关系的文件　　　图 10-13　搜索或关系的文件

在 Everything 中还可以使用通配符进行模糊搜索，星号"*"可以替代任意数量的任意字符；一个问号"?"可以替代一个任意字符。例如，输入"*Word"，可以搜索任意以"Word"结尾的文件，如图 10-14 所示。输入"Word ？？"可以搜索以"Word"开头，后面接任意两个字符的名字的文件，如图 10-15 所示。

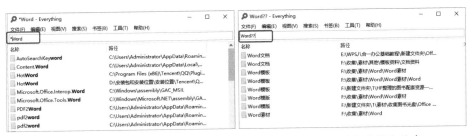

图 10-14　用"*"模糊搜索　　　图 10-15　用"?"模糊搜索

同步训练 使用 Everything 搜索电脑中的特定文件

操作提示：

❶ 搜索并下载Everything；

❷ 打开Everything；

❸ 在对话框中输入要搜索的文件关键词，感受一下Everything的搜索速度吧。

 Tips Everything完美支持中文，还有很多其他好用的功能，赶快去动手体验一下吧。

10.3 FileLocator：本地全文搜索工具

某天我想在自己曾经搜集的PDF文件中查看关于"坚持"的内容，将文件一个一个打开并查找，不仅非常麻烦，而且效率太低。所以思考能不能通过搜索来实现，但这不是对文件名称进行搜索，而是对文档内容中包含"坚持"的部分进行搜索。使用Listary和Everything都不能实现，于是我用搜狗在知乎中搜索了一下，发现一个可以进行全文搜索的神器——FileLocator，它连文件内容都能批量搜索。

FileLocator的操作并不复杂，使用它搜索计算机中包含"坚持"的文件的具体操作如下。

步骤 1 打开浏览器，❶通过搜索进入FileLocator官网的首页界面；❷页面顶部显示"Download free for 30 days"（免费试用30天），单击该按钮，如图10-16所示。

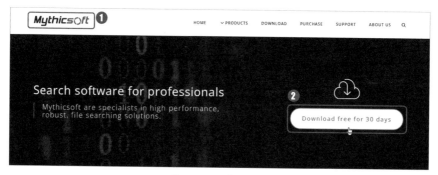

图10-16 单击按钮

步骤 2 弹出下载对话框，❶设置下载文件要保存到本地计算机的位置；❷单击"下载"按钮，如图10-17所示。

步骤③ 软件下载完成后，双击下载所得的文件图标，开始安装 FileLocator，如图 10-18 所示，其他根据提示在对话框中进行操作即可。

图 10-17　设置下载属性

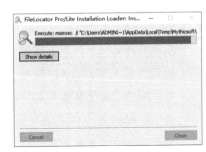

图 10-18　安装 FileLocator

步骤④ 安装成功后，桌面会出现 FileLocator 的图标🔍，双击该图标，在打开的对话框中，❶设置采用语言为"简体中文"；❷单击"OK"按钮，如图 10-19 所示。

步骤⑤ 弹出"许可证类型"界面，❶根据需要选择要采用的软件版本，这里选中"专业版（试用）"单选按钮；❷单击"确定"按钮，如图 10-20 所示。

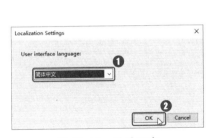

图 10-19　设置语言

图 10-20　选择使用版本

步骤⑥ 进入 FileLocator 的操作界面，❶在"包含文本"文本框中输入要搜索的关键词"坚持"；❷在"查找位置"下拉列表框中设置要搜索的范围；❸单击"开始"按钮，如图 10-21 所示。

图 10-21　设置搜索方式

Tips 在需要实施搜索的文件夹上右击，在弹出的快捷菜单中选择"FileLocator Pro"命令，可以快速启动FileLocator，而且搜索范围自动设置为所选文件夹。

步骤⑦ FileLocator开始搜索，并将搜索结果显示在下方，如图10-22所示。注意左侧的列表框中可以查看搜索到的文件和具体路径等文件信息，而在右侧的详情框中可以看到"坚持"文本出现的位置，通过单击"+""–"按钮，可以展开或折叠具体文本内容。在搜索结果中需要采用的文本内容上方右击，在弹出的快捷菜单中选择"复制"命令，可以对该段文本进行复制。不需要再逐个打开文件进行复制操作。

图 10-22　查看搜索结果

Tips 比起Listary等搜文件名的工具，FileLocator的搜索速度慢很多，这也不奇怪，相比于搜索文件内容的工作量，只搜文件名的工作量根本就不在一个数量级上。所以，使用FileLocator最好尽量缩小搜索范围。

　　FileLocator有付费版和免费版，前者可以进行30天免费试用，后者可以无限期使用，但提供的功能会少很多，不过对于一般的用户，免费版提供的基本功能还是够用的。

同步训练 使用 FileLocator 搜索计算机中包含特定内容的文件

操作提示：

❶ 进入FileLocator官网的首页界面，下载FileLocator；

❷ 安装FileLocator；

❸ 启动FileLocator，设置搜索范围和搜索关键词等，并开始搜索；

❹ 查看搜索结果。

Tips FileLocator支持全字匹配、布尔表达式、正则表达式、模糊搜索等多种文本匹配方式，可以指定文件属性、修改日期，也可以搜索压缩文件。

 本章小结

这一章我们介绍了Listary、Everything、FileLocator三款效率工具，主要功能就是搜索本地文件、启动本地应用。其中，Listary和Everything是可以通过快捷键唤醒的，一个检索框解决全部问题，但它们只匹配文件名进行搜索；FileLocator可以匹配文件内容进行批量的全文搜索，不用我们逐个打开文件进行查找。Listary还能快速打开应用、快速启动网络搜索等。

另外，本章中介绍的工具也只能介绍它们关键的功能，还有很多功能和类似工具，请大家自己探索一下。这些软件功能有重复的部分，也有各自特色，没必要全部安装。最好每个用一段时间，看哪个用着顺手，最后留下一两个使用就可以了。

第 4 篇　学术科研篇

　　在学术科研中，我们经常会遇到各种各样的问题，例如找不到相关研究、无法获取文献资料等。这个时候，搜索引擎就是我们最好的助手。通过搜索引擎，我们可以快速查找到大量的相关信息，包括相关论文、文章、数据库等。同时，在搜索时我们需要注意使用正确的关键词和搜索技巧，这将大大提高我们的搜索效率和准确性。

　　本篇，我们将逐一介绍学术科研中常用的一些网站，包括数字古籍、统计数据、专利 / 标准的查看网站，综合学术检索系统、学术搜索引擎，以及学位论文查看平台和科研项目查询系统等。学完本篇内容，希望你在做学术科研时能通过搜索引擎快速找到合适的网站，用正确的学术搜索技巧查找对应的内容，轻松地解决学术科研中遇到的问题，让研究更加高效和准确。

第 11 章

数字古籍：玩转搜索，体验文化

人类璀璨文明的演变发展过程，让很多人都对过去充满好奇，更有甚者成为对古籍文献痴迷的学者、历史爱好者、文化研究者等。曾经，大家为了了解古代文学、哲学、艺术、历史、经济、政治、文化等，需要到溯源地去观摩学习，或者亲眼去查看历史文物，或者依靠图书印刷品和手抄本等古籍进行学习，再深入研究。

随着数字技术的应用，对古籍进行数字化处理，将其数字化后转换为电子文本或数字图像，就赋予了古籍书全新的生命和价值。不仅使传统古籍变得立体和丰富，实现了文化资源的数字化保护，同时也为古籍的利用和传播提供了更加高效和便捷的平台。数字古籍的出现，使许多传统的研究方法和学术规范发生了变化，为古籍的研究带来了更多的选择和重要的启示，成为人们感受古籍魅力、进行学术研究的得力工具。

11.1　中华古籍资源库：国家图书馆的古籍影印资源

去峨眉山旅游时，看到古时候皇帝巡游留在山壁上的刻画，导游介绍随着历史变迁，很多地方还是发生了变化，具体可以从相关的古籍文献中窥探一二。于是，回家后我就抽空搜索了一下。

中华古籍资源库是中国国家图书馆推出的古籍数据库平台，旨在推进中国现藏古籍资源的保护、整理、数字化和传播。该平台集合了中国各地的重要古籍文献，涉及古代文学、历史、哲学、技术、医学、经济、地理、政治等各个领域，是"中华古籍保护计划"的重要成果。

从中华古籍资源库找古籍影印版的具体操作步骤如下。

步骤①　打开浏览器，❶通过搜索进入中华古籍资源库官网的首页界面；❷在搜索框中输入检索词"峨眉"；❸单击"古籍检索"按钮，如图 11-1 所示。

图 11-1　搜索"峨眉"相关的古籍

> **Tips**　中华古籍资源库不仅资源丰富，而且可以免费访问，无须注册登录，所以不少图书馆很乐意向读者做推荐。

步骤② 进入搜索结果界面，可以看到一共找到了 8 个资源，有游记、导游、方志、碑帖、匾额。选择第一个搜索结果选项，如图 11-2 所示。

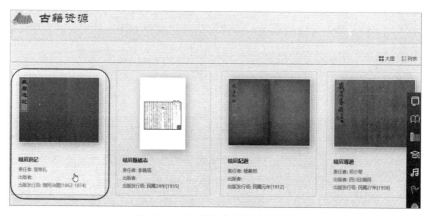

图 11-2　查看搜索结果（部分）

> **Tips**　中华古籍资源库中目前在线发布的大多是国家图书馆的馆藏古籍资源的影印版，包括馆藏善本、普通古籍、甲骨、敦煌文献、碑帖拓片、西夏文献、赵城金藏、地方志、家谱、年画、老照片等。
>
> 　　中华古籍资源库提供多种功能，用户可以实现关键词检索、文献查阅、全文下载、影像浏览等，方便学者们进行全面深入的研究。如果想根据古籍文献具体类型进行针对性检索，可以单击图 11-2 所示的右侧边栏中的█图标，然后选择详细的资源分类。

步骤③ 进入所选古籍的题录页面，可以看到文献的责任者、出版时间、版本等相关信息。单击"在线阅读"按钮，如图 11-3 所示。

图 11-3　查看古籍详细信息

步骤④ 进入新界面，在其中可以看到这本古籍的影印版全文，如图 11-4 所示。

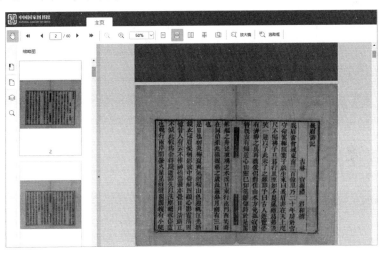

图 11-4　查看古籍的影印版全文

同步训练 在中华古籍资源库中查看民国时期的期刊

操作提示：

❶ 进入中华古籍资源库官网的首页界面；

❷ 单击右侧边栏中的▥图标，然后选择"民国期刊"选项；

❸ 选择要查看的具体期刊；

❹ 在下方选择要查看的该期刊具体卷册。

11.2　美国国会图书馆官网：也可以找我国数字化古籍

　　数字古籍有效地保护了珍贵的文化遗产，同时通过计算机技术和网络技术，使得世界各地的人们都可以无须到文物所在地就能够浏览和学习其中的内容。数字古籍的传播及共享，既能满足学术界对现藏文献的研究和开发，也能为普及教育、文化交流等方面提供丰富的资源。全球范围内的数字古籍数字化进程已经开始重点发展。

　　许多图书馆、博物馆和其他机构都将珍藏的古籍进行了数字化处理，形成了大量数字古籍资源，成为人们学术研究及文化传承的重要基础。所以，找古籍文献的渠道有很多。由于历史的原因，我国的古籍文献，有不少流失到海外，有些被国外的一些图书馆收藏，要查看这些古籍文献的影印版就只能到相应的图书馆中去查看。

　　下面分享一个国外的图书馆网站——美国国会图书馆，通过这个网站可以找到不少我国的古籍文献影印版。用户通过互联网，可以免费检索、浏览、下载这些数字化的古籍文献，具体操作步骤如下。

步骤❶ 打开浏览器，❶通过搜索进入美国国会图书馆官网的首页界面；❷不输入任何搜索关键词，直接单击"搜索"按钮，如图 11-5 所示。

图 11-5　单击"搜索"按钮

> **Tips** 美国国会图书馆官网的首页中搜索框左侧的下拉按钮提供很多文献类型，但是没有提供古籍文献这个选项。直接在搜索框中输入关键词进行搜索，但我国古籍文献的搜索关键词又不是很好设计。所以采用了上述思路进行筛选。当然，如果你知道古籍的名称，也可以直接搜索。

步骤② 进入搜索结果界面，这里显示了该平台在线可获取的所有内容，并且在左侧按多种维度对这些资源进行了分类，形成了很多专辑。同时这里还是一个筛选区，提供多种筛选条件，包括根据原始格式、在线格式、日期、馆藏地点、专辑、贡献者、学科、语言等条件进行筛选。这里我们找到"Part of"区域，单击下方的"More Part ofs（更多）"超级链接，如图 11-6 所示。

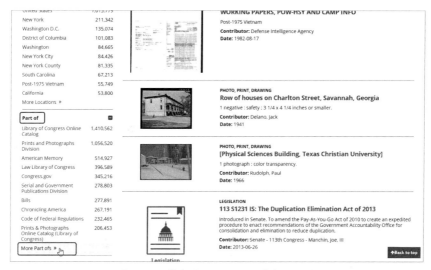

图 11-6　单击"More Part ofs"超级链接

> **Tips** 美国国会图书馆是美国最重要的图书馆之一，也是世界上最大、最全面的图书馆之一。它收藏的图书、纸质报纸、期刊、电子材料及其他资源有 1 亿件以上，是美国国家法律、行政与文化的知识管理中心。美国国会图书馆具有开放无门槛、面向全球的特点，使其成为学术研究、文化交流、知识普及和商业营销等方面的重要资源。美国国会图书馆每年吸引 220 多万的参观者，成为美国国家娱乐文化的一部分。美国国会图书馆在线上数字资源的推广、数字文化底层技术研发方面处于世界前列，它的推出让世界各地的人民可以随时随地共享珍贵的文化遗产。

步骤③ 进入筛选结果界面，默认按照数量排序，可以看到提供了很多专辑，这一页只显示了 66 个，后面还有很多，不太好找。选中"Alphabetically"单选按钮，如图 11-7 所示。

图 11-7　单选按钮

步骤④ 此时会将结果按照字母排序，❶在"jump to"后的文本框中输入与"中国"相关的词，如China、Chinese等，这里输入"Chinese"；❷单击"Go"图标，如图 11-8 所示。

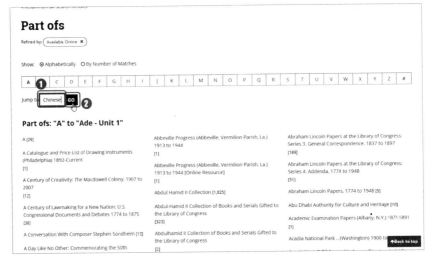

图 11-8　设置筛选条件

步骤⑤ 进入新界面，找到了一个名为"Chinese Rare Book Digital Collection（中国珍本数字馆藏）"的专辑。单击该超级链接，如图 11-9 所示。

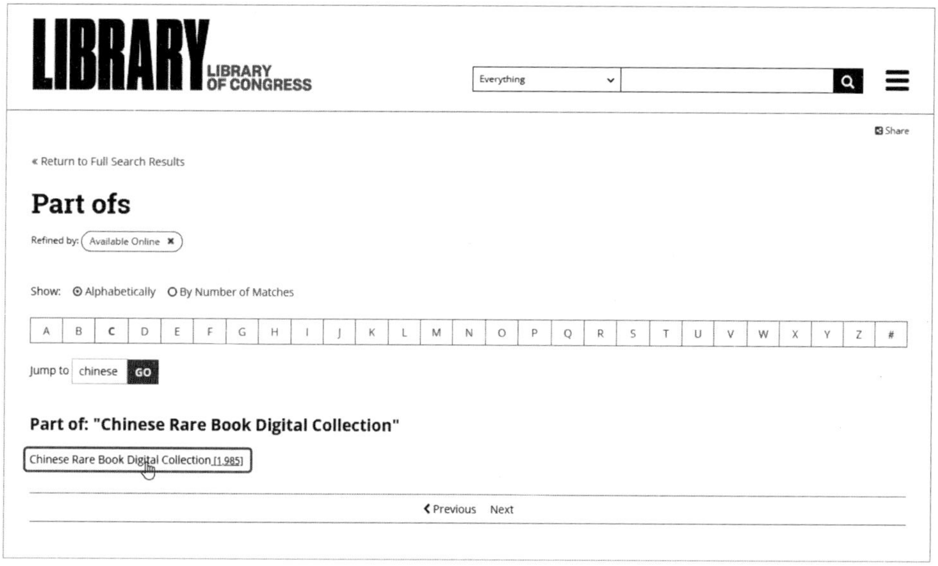

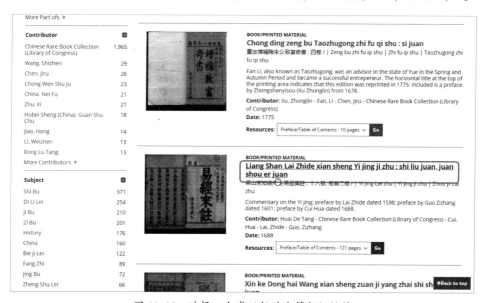

图 11-9　单击 "Chinese Rare Book Digital Collection" 超级链接

步骤⑥ 进入所选专辑的界面，显示有 1965 条数据，每条数据都有缩略图、名称、简介、年代等信息。选择一个感兴趣的古籍超级链接，如图 11-10 所示。

图 11-10　选择一个感兴趣的古籍超级链接

步骤⑦ 进入新的界面，可以看到所选古籍的具体内容。每一页内容都是高清图片，还可以下载，在 "Download" 下拉列表框中就可以选择下载的图片分辨率，如图 11-11 所示。

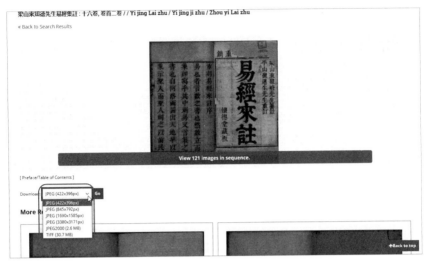

图 11-11　选择图片分辨率，查看古籍内容

同步训练　在美国国会图书馆网站上查看文献

操作提示：

❶ 进入美国国会图书馆网站的首页界面；

❷ 以"Chinese Rare Book Digital Collection"为关键词进行搜索；

❸ 在搜索结果中选择需要查看的选项，并进一步打开查看具体的文献内容。

11.3　NCPSSD：可以搜索数字古籍

　　最近一位老师在做一个"江南陆师学堂"方面的研究项目，想查找这方面的古籍文献，我推荐他使用NCPSSD进行搜索。

　　NCPSSD是国家哲学社会科学文献中心的简称，这是一个学术文献资源平台，包括哲学、宗教、政治、经济、法律、文学、历史、艺术、语言等多个领域的中英文期刊文章、报告、论文、书籍等资源。其中涵盖全国各级高校、科研机构、文化中心等的学术论文、交流探讨及对学科发展方向和趋势等的研究成果。在该网站中也可以找到古籍文献的电子版。

　　国家哲学社会科学文献中心平台上的文献虽然可以免费检索、浏览、下载，但是有一个前提，就是必须先登录，注册账号是免费的。在该平台上获取古籍文献电子版的具体操作步骤如下。

步骤① 打开浏览器，❶通过搜索进入国家哲学社会科学文献中心官网的首页界面；❷单击页面顶部右上角的"注册"超级链接，并在打开的注册界面按照提示输入用户名、密码、邮箱、验证码等内容，提交注册成功后，会收到一封验证邮件，单击完成验证后即可登录，这里不赘述了；❸在首页的搜索框最左侧下拉列表中选择文献类型为"古籍"，再选择检索点为"题名"；❹在检索框中输入检索词"江南陸師學堂"；❺单击"搜索"按钮，如图 11-12 所示。

图 11-12 设置搜索条件

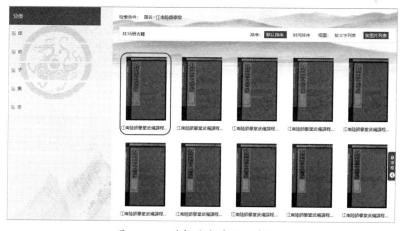

Tips 注意，这里必须输入繁体的检索词"江南陸師學堂"，这是NCPSSD平台的规则要求，如果输入简体，搜索的结果为零。在首页右上方还提供几个链接，单击"资源"超级链接，可以进入检索界面。在其中也可以限定文献类型为"古籍"，同样可以选择检索点"题名"，通过输入繁体的检索词"江南陸師學堂"也可以找到 16 册古籍。

步骤② 进入搜索结果界面，可以看到一共找到了 16 条结果。这里选择结果中的第一张图片，如图 11-13 所示。

图 11-13 选择要查看的古籍选项

步骤③ 在新页面中可以看到更详细的文献题录数据，包括分类、条码号、责任者、出版时间、版本、索书号等题录信息。单击"阅读全文"按钮，如图 11-14 所示。

图 11-14 单击"阅读全文"按钮

步骤④ 进入古籍的全文效果界面，可以查看每一页的效果，❶单击页面右上角的下载图标；❷在弹出的对话框中设置下载位置和名称，单击"下载"按钮，即可把所选古籍的全文下载到本地，如图 11-15 所示。

图 11-15 获取全文

同步训练 在国家哲学社会科学文献中心筛选符合条件的古籍

操作提示：

❶ 进入国家哲学社会科学文献中心官网的首页界面；

❷ 单击搜索框右侧的"高级检索"超级链接；

❸ 进入古籍的高级检索界面，通过设置题名、分类、册数、条码号、责任者、出版者等多个检索条件可以筛选出符合条件的古籍。

11.4 地图书：一个不错的古地图网站

查看古代的地图可以帮助我们了解历史发展和地理变迁，以及研究某些领域。例如，了解古代国家的疆域、城市、农田、河流等地理环境，可以更好地了解历史发展和政治制度的演变；了解古代某地区地形、气候等自然环境，可以辅助研究人文环境与地理环境之间的联系和影响等。总之，古代地图是了解历史发展和地理变迁的重要资源，可以让我们更好地认识世界的演进，以及更好地获得解决一些问题的方案。

找网络地图，可以用百度地图、高德地图；找标准地图，可以用自然资源部以及各省市区自然资源厅提供的标准地图服务系统。那什么地方可以看到古旧地图呢？例如，我想了解清朝时期与四川相关的地图。

通过搜索我们发现了不少可以查找古旧地图的网站，下面以地图书为例，来介绍查询古旧地图的方法。在地图书中查找清朝与四川相关地图的具体操作步骤如下。

步骤① 打开浏览器，❶通过搜索进入地图书的首页界面；❷单击"中国古旧地图"超级链接，如图 11-16 所示。

图 11-16 单击"中国古旧地图"超级链接

步骤② 进入中国古旧地图知识库界面，在该界面中可以看到这个知识库的介绍信息。单击右侧图片上的"登录"按钮，如图 11-17 所示。然后在打开的界面中输入信息注册登录，也可以不注册账号，选择使用微信扫码登录。

图 11-17 单击"登录"按钮

> **Tips** "地图书"知识库可以免费使用，但是公开使用的时候需要署名，并且不能商业化使用。

步骤③ 登录成功后，单击右下侧图片上的"地图书知识库中打开"按钮，如图 11-18 所示。

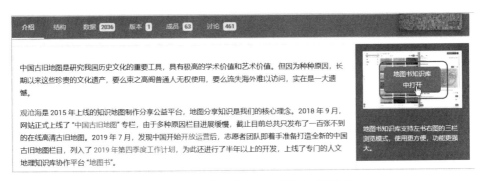

图 11-18 单击"地图书知识库中打开"按钮

步骤④ ❶在新界面的左侧单击"地图"选项卡，进入这个搜索条件的设置界面；❷单击搜索框右侧的"筛选"按钮，如图 11-19 所示。

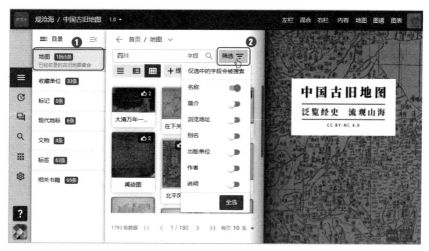

图 11-19 单击"筛选"按钮

步骤⑤ 在弹出的"筛选"对话框中提供了所属图集、标签、朝代、国家、收藏单位等多个筛选项，根据需要设置筛选条件，这里❶设置"标签"为"四川"，"朝代"为"清"；❷单击"筛选"按钮，如图 11-20 所示。

图 11-20 设置搜索条件

> **Tips** 如果只是想搜索四川的相关地图，可以直接在搜索框中输入关键词"四川"，然后单击搜索框右侧的"字段"超级链接，在弹出的下拉列表中单击"仅搜索名称"按钮，再单击"搜索"按钮，仅仅搜索名称中包含"四川"的地图。

步骤⑥ 在新界面中会显示出搜索到的结果，这里搜索到了 27 条符合条件的数据。在中间栏中随意选择一个搜索结果图片，在右侧即可显示出这张地图的大图，以及相关的著录数据，如图 11-21 所示。

图 11-21　选择要查看的搜索结果

步骤7　这些著录数据包括名称、简介、尺寸、格式、所属地图集、别名、标签、朝代、出版年代、收藏单位等。最上方还有一个网址，单击其后的"访问"按钮，如图 11-22 所示。

图 11-22　单击"访问"按钮

步骤8　打开新的页面，如图 11-23 所示。这是哈佛大学图书馆的网站页面，这是这张古旧地图的初始来源，说明这张地图的真迹收藏在哈佛大学图书馆。

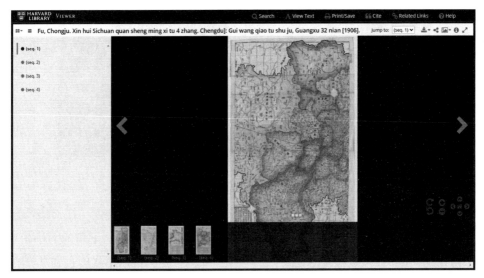

图 11-23　查看信息来源

> **Tips** 　中国古旧地图知识库只是地图书这个平台上多个知识库中的一个，除此之外，还有中国古代军事地理、中国文化遗产、中国高速铁路信息数据库等多个人文地理领域的知识库。这些知识库大多是志愿者通过在线协作共同编辑的。

同步训练　在地图书中创建知识库

操作提示：

❶ 进入地图书的首页界面；

❷ 单击最上方滚动显示栏中的"创建知识库"按钮；

❸ 在打开的新界面中单击"创建新的知识库"按钮；

❹ 在新页面中选择模板，单击"创建"按钮快速创建知识库，并根据需要输入和上传内容。

11.5　书格：有品格的数字古籍图书馆

　　书格是一个以书籍为主题的社交网络平台，其中提供古籍文献的影印版，而且好多是高质量的古籍善本，号称"有品格的数字古籍图书馆"，它的首页如图 11-24 所示。

图 11-24　书格首页

在书格首页显示着搜索文本框，可以通过输入关键词进行搜索，搜索结果会显示图书的分类和简介，如图 11-25 所示。直接单击搜索结果右下角的"阅读或参与评论"按钮，可以在线阅读；单击"直接下载"按钮，可以下载搜索到书籍的PDF 文档。因为操作方法和前面介绍的相似，这里就不赘述了。

图 11-25　书格搜索结果页面

同步训练 在书格中查看古籍《孝经》

操作提示：

❶ 进入书格的首页界面；

❷ 单击顶部的"资源集"超级链接；

❸ 在弹出的下拉列表中选择"绘画"选项；

❹ 切换到对应的类目下，选择要查看的《孝经》古籍，单击"阅读或参与评论"按钮查看具体的内容。

本章小结

　　这一章我们主要介绍了 5 个用于搜索古籍书的工具，方便大家了解历史的发展和变迁。找数字化古籍，可以试试中华古籍资源库、国家哲学社会科学文献中心、书格；找国外收藏的古籍资料，可以到美国国会图书馆网站上搜索；找古旧地图，可以试试地图书。这几个平台都可以免费浏览，还可以下载图片或PDF全文。

第 12 章

统计数据：官方出品，权威可靠

在日常生活、学习和职场中，我们经常需要进行统计类数据的搜索，以便更好地解决各种问题。例如，在政治学研究中，我们需要了解各个国家的政治制度和经济状况的数据，以比较和分析它们之间的差异和相似之处。在销售领域，我们需要了解销售数据和客户反馈，以便制定更好的销售策略。在购买房产时，需要了解某个区域的房产价格变化、当地的人口和就业状况等数据，以做出更好的购房决策等。

搜索可以帮助我们找到大部分需要的数据，当然，统计类的数据最好到垂直网站上搜索，这样更准确、全面，更能通过分析显示价值。本章我们就来介绍几个实用、免费的数据搜索平台，帮助你更高效地获取所需信息，从而更好地完成各种任务和目标。

12.1 国家统计局数据查询平台：国家统计年鉴数据，一网通查

我给学生布置了一篇论文，需要他们先查询最近 5 年全国高学历的毕业人数。

一名学生以"2018—2022 专科 本科 毕业人数"为关键词在百度中进行搜索后，并没有找到详细的统计数据。这也难怪，连方向都错了。不到万不得已，不用百度，我一直强调使用垂直搜索引擎，找统计数据就该用专门的工具。我还提醒他找全国性的统计数据，最好用国家统计局网站提供的数据。

于是，这名学生根据我的提示，在国家统计局网站上进行了如下几个步骤的操作，最终获得了他想要的数据。

步骤①打开浏览器，通过搜索进入国家统计局官网的首页界面，下滑页面，单击"数据查询"超级链接，如图 12-1 所示。

图 12-1　单击"数据查询"超级链接

步骤 2　进入数据查询界面，❶在搜索框中输入"专科 本科 毕业人数"；❷单击"搜索"按钮；❸在下方的搜索结果中可以看到部分数值，单击第一条数据后的"相关报表"超级链接，如图 12-2 所示。

图 12-2　搜索信息并单击"相关报表"超级链接

步骤 3　❶单击"时间"列表框右侧的下拉按钮；❷在弹出的下拉列表中选择"最近 5 年"选项，如图 12-3 所示。也可以在该列表框中输入类似"2015—2022"的时间限定词。

图 12-3　选择要查看数据的时间范围

步骤④ 在下方的页面中显示了最近5年的相关数据，如果查看的数据时间节点比较多，可以通过拖动滚动条来进行查看。单击搜索结果左上角的图表按钮，这里单击"柱形图"按钮，如图12-4所示。

图12-4　单击图表按钮

步骤⑤ 在搜索结果最上方显示所选时间段内的前5项数据的柱形图效果，方便对比数据和查看数据的趋势。在图表下方通过选择复选框可以调整显示的数据项，设置图表上方的"行""列"单选按钮，还可以改变图表的显示方式，如图12-5所示。

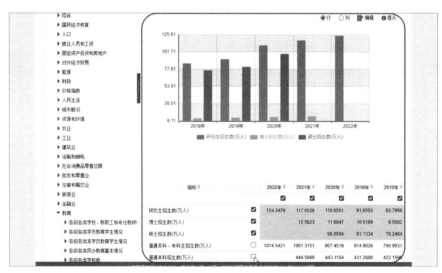

图12-5　查看和调整图表效果

Tips 国家统计局官网数据查询界面的最左侧是导航栏，通过选择可以找到更多的数据。例如可以查看各年的居民消费水平、各种价格指数、国内游客数量等。

同步训练 在国家统计局网站查询最近 10 年的房地产施工面积

操作提示：

❶ 进入国家统计局官网的首页界面；

❷ 进入数据查询平台，以"房地产施工面积"为关键词进行搜索；

❸ 设置查看最近 10 年的相关数据，并以柱形图的方式进行展示。

12.2 各省市统计局数据查询平台：地方统计数据搜索

国家统计局负责全国性统计工作，以及较为宏观的地区、行业数据，各地区统计数据的编撰和发布是由各省市统计局负责的。所以，要查询更为细化的地区数据可以到各省市统计局网站查询。

各省市统计局数据查询平台设计的效果不一样，提供的数据和功能也有所不同，有些可以直接查询数据，有些只能查看相关的数据信息报道。但是各省市的统计年鉴一般都能查看（部分省或直辖市、自治区的年鉴内容不提供下载）。例如，要查看湖北省 2022 年的统计年鉴数据，具体操作步骤如下。

步骤① 打开浏览器，❶通过搜索进入湖北省统计局网站的首页界面；❷在"数据查询"栏中选择"统计年鉴"选项，如图 12-6 所示。

图 12-6 在湖北省统计局网站选择"统计年鉴"选项

步骤② 进入"全省统计年鉴"界面，上面罗列了各年的统计年鉴选项，单击要查看的 2022 年年鉴对应的超级链接，如图 12-7 所示。

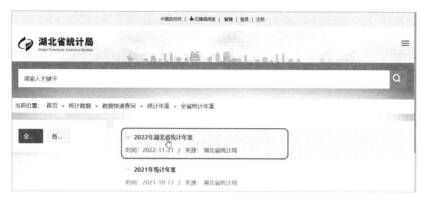

图 12-7　单击要查看的 2022 年湖北省统计年鉴对应的超级链接

步骤③ 弹出下载对话框，❶设置下载后的文件名称和保存位置；❷单击"下载并打开"按钮即可，如图 12-8 所示。

图 12-8　下载统计年鉴文档

> **Tips** 不同省市的统计局网站数据公开程度不一样，界面设计也有所不同，所以可以搜索的内容和具体搜索方法需要在实践中去探索。

同步训练 查询湖北省的商品房建设与销售数据

操作提示：

❶ 通过搜索进入湖北省统计局网站的首页界面；

❷ 在"数据查询"栏中选择"湖北数据"选项；

❸ 打开"湖北数据"查询页面，在搜索框中可以输入关键词搜索该省商品房建设与销售的数据，也可以在左侧栏中选择"房地产"目录下的"商品房建设与销售数据"子目录；

❹ 选择需要查看的具体数据选项进行查看。

12.3　各地方政府开放数据平台：不仅仅是统计数据

　　我给学生们布置了一个公共服务方面的课题，需要他们分组收集各省提供的公共服务相关数据，例如负责北京数据收集的小组需要整理博物馆相关的数据，要具体到每一个博物馆的位置、大小、营业时间等详细信息。这些具体的微观数据，在政府的统计年鉴中是不大可能提供的，该怎么找呢？

　　其实，我国大多数省（直辖市、自治区）和市地方政府已经通过政府数据开放平台向公众公开了包括财税金融、工农业生产、交通运输、科技创新、医疗卫生、生活服务、生态环境等方面的数据，而且一般都提供一站式的数据搜索入口，也可以根据数据类型或所属部门进行分类浏览。

　　例如，要查找北京市海淀区每一个博物馆的数据，具体操作步骤如下。

步骤❶　打开浏览器，❶用搜索引擎搜索"北京公共数据开放平台"，很容易找到北京市公共数据开放平台；❷在搜索框中输入"博物馆信息"；❸单击"搜索"按钮，如图 12-9 所示。

图 12-9　在北京市公共数据开放平台搜索"博物馆信息"

步骤❷　进入搜索结果界面，在列表中选择需要查看的具体数据集的超级链接，这里选择"海淀区博物馆信息"超级链接，如图 12-10 所示。

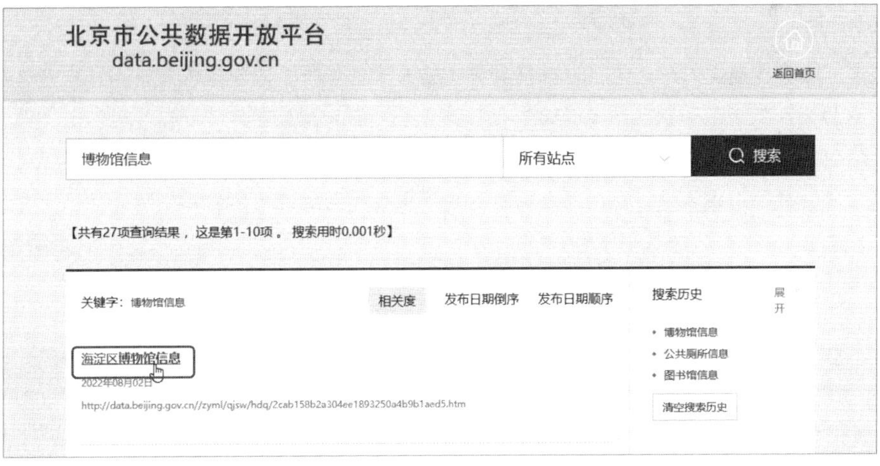

图 12-10　选择需要查看的具体数据集的超级链接

Tips　地方政府的数据开放平台，一般数据结果是以数据集的方式提供的，格式包括 XLSX、XML、RDF、CSV、JSON等，有些还提供API数据接口供程序调用。

步骤③ 在新页面中显示所选数据集的详细信息，还提供相关文件的下载按钮，这里可以选择要下载的文件类型，单击对应的"下载"按钮进行下载，如图12-11所示。下载后可以看到更多详细信息，不过下载需要先注册和登录系统。

图 12-11　超级链接

同步训练　查找重庆市每一个汽车营地的数据

操作提示：

❶ 通过搜索进入重庆市公共数据开放系统；

❷ 注册登录系统；

❸ 以"汽车营地"为关键词进行搜索；

❹ 查看搜索到的具体内容。

Tips　政府各部委网站也是获取统计数据的重要途径之一，这些机构会发布对应专业领域的统计数据，并在网站上开设专栏以供发布。例如，教育部门会在其网站上提供教育统计数据和教育发展统计公报，工业与信息化部门会提供工业和信息化相关的统计数据，住房和城乡建设部门则会向公众提供城乡建设统计年鉴和其他统计公报的下载服务。

12.4　世界银行开放数据：搜索全球发展数据

我有一名学生正在为自己的留学规划进行国别选择，想了解各国的人均GDP数据，通过对比，选定自己理想的留学国家。他通过百度查询到的数据，既不系统，也无法保证数据的权威性。当他向我咨询相关数据的查询方法时，我毫不犹豫地推荐他使用世界银行的开放数据。

世界银行是一个致力于改善全球贫困和不平等问题的国际金融机构，近年来致力于通过开放数据的方式促进全球发展和减少不平等。该机构开放数据平台是搜索全球发展数据的权威来源，包括各个国家、地区及各种主题的数据，用户可以根据自己的需求搜索和下载。

例如，要对比多个国家的人均GDP数据，具体操作步骤如下。

步骤①　打开浏览器，❶通过搜索进入世界银行公开数据的首页界面；❷这里因为要对比几个国家的数据，所以单击搜索框下方的"国家"分类浏览超级链接接，如图 12-12 所示。

图 12-12　单击"国家"分类浏览超级链接

> **Tips**　我们进入世界银行公开数据网页时会自动显示为中文界面，如果你想查看其他语言界面，可以单击页面右上角的对应语言进行切换。直接在世界银行公开数据网页的搜索框中输入要搜索的内容关键词，可以查询具体数据，也可以基于"国家"和"指标"两个分类进行导航式浏览。

步骤②　进入新的界面，❶在文本框中输入要搜索的国家名称，这里输入"美国"；❷在弹出的下拉列表中选择"美国"选项，如图 12-13 所示。

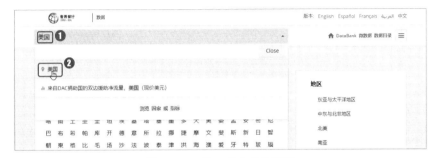

图 12-13　输入要查看的国家

步骤③ 进入美国数据页面，其中显示了多个数据指标，如GDP、人口、融资、人力资源等，而且是用图形的方式呈现的。选择需要查看的"人均GDP"选项，如图12-14所示。

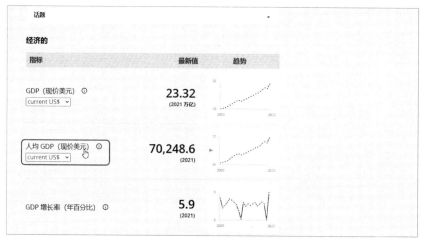

图12-14　选择需要查看的"人均GDP（现价美元）"选项

步骤④ 在新界面中就可以放大看到最近几年美国人均GDP的走势折线图，❶我们要对比中国和美国这两个国家的人均GDP，所以继续在上方的文本框中输入"中国"；❷在弹出的下拉列表中选择"中国"选项，如图12-15所示。

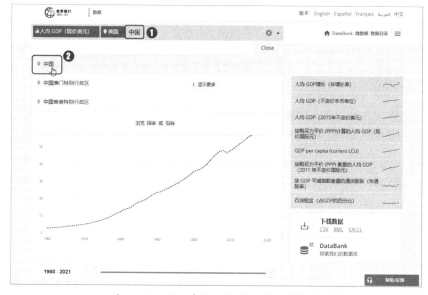

图12-15　添加中国人均GDP的走势折线

步骤⑤ 即可看到中国的人均GDP数据也显示在折线图中了，使用相同的方法继续添加其他想要对比查看数据的国家，完成后的效果如图 12-16 所示。

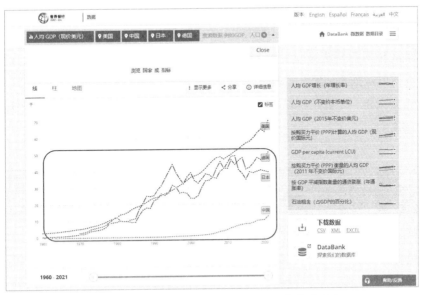

图 12-16　添加其他需要查看人均GDP走势的国家

> **Tips**　在图 12-16 所示界面的右侧可以看到，该平台还提供下载数据的功能，有CSV、XML、EXCEL 三种格式可供选择。下载数据后就可以看到更多详细数据信息了。
>
> 　世界银行的开放数据涉及多个数据平台、数据工具和数据产品。在界面右上方有"Databank""微数据"和"数据目录"三个超级链接，其中"Databank"是一种数据分析和可视化工具，包含很多时间序列数据，通过这个在线工具，你可以创建自己的查询，生成图表，轻松保存、插入、分享；"微数据"是一个数据查询平台，主要提供针对家庭、商业机构或其他机构的抽样调查数据；"数据目录"是一个搜索平台，可以查询世界银行提供的数据集。尤其像WDI（世界发展指标）数据集，涉及两百多个国家或地区的数据，有几千个指标，有些指标有几十年的数据。

同步训练 查询相关数据了解我国工业增加值赶超其他国家的路径

操作提示：

❶ 进入世界银行公开数据的首页界面；

❷ 以"工业增加值"为关键词进行搜索；

❸ 在搜索结果界面中选择我们需要的以现价美元计价的工业增加值；

❹ 观察系统显示的世界工业的增加值历年变化趋势折线图，在图表下方列出了所有国家和经济体的具体数据，选择需要查看的我国名称选项；

❺ 使用相同的方法选择要查看的国家数据的对应选项，继续把德国、日本、美国的数据添加到该图表中；

❻ 查看图表，尤其观察其中折线的交叉点，即我国工业增加值赶超其他几个国家的时间。

12.5　国际货币基金组织开放数据：全球数据，免费获取

国际货币基金组织（IMF，International Monetary Fund）是与世界银行同时成立的世界金融机构，其开放数据平台是一个以数据为根基的与全球经济和财政政策相关的国际组织。它的网站如图 12-17 所示，其中提供高质量、及时更新的世界各国财政、金融和汇率数据，用户可以在平台上免费获取并使用这些数据。尤其是在当前全球经济环境下，国际货币基金组织开放数据平台提供全球数十年以来的经济数据，并将这些数据与当前的经济环境联系起来，使人们能够更好地了解和理解各国的经济和政策状况。

图 12-17　国际货币基金组织数据开放平台

> **Tips**　国际货币基金组织的数据开放平台提供世界经济展望（World Economic Outlook）、全球金融稳定报告（Global Financial Stability Reports）、财政监测报告（Fiscal Monitor Reports）等多种数据资源，可以免费下载。

国际货币基金组织还提供专门的数据集工具IMF Datamapper，提供十几种数据集的下载，用户可以自定义国家和指标，下载格式除了Excel外，还有图表。

12.6 联合国的开放数据：通过数据看世界

联合国经济和社会事务部门的开放数据平台UNdata提供各个国家和地区及主题领域的大量全球数据。它是一个为社会各界用户提供可访问的、全面的、实时更新的世界数据的平台，包括国别、人口、贸易、能源和环境等各个领域的数据。

UNdata数据平台的首页界面如图12-18所示。开放数据意味着数据对任何人都是免费的，这使得分析师、研究人员、政府官员、学生等各个领域的人都可以免费获取和使用这些数据。同时，这些数据对于全球市场调查和分析、政府政策制定、学术研究、商业决策等领域都有着重要的作用。比如，在商业上，开放数据可以使企业更好地了解和把握全球市场趋势，制定更准确的商业计划、财务预算、投资决策等。在人权、环境、健康、教育等社会问题方面，开放数据可以提高决策者和公民的参与度，倡导更多的民主决策和公共参与。此外，在科学研究领域，开放数据可以被科学家们用来挖掘知识，优化研究和实验计划。

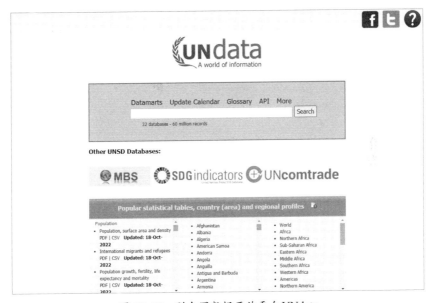

图12-18 联合国数据开放平台UNdata

除了UNdate外，UNECE、UNcomtrade、MBS、SDGindicators也是联合国数据开放平台的重要组成部分。其中，UNECE（联合国欧洲经济委员会）提供欧洲、北美和中亚的可比数据；UNcomtrade Database（联合国商品贸易统计数据库）提供国际商品贸易数据；MBS（联合国统计月报）提供各种月度数据；SDGindicators（可持续发展目标指标数据库）提供可持续发展目标的相关指标数据。这些数据开放平台，除了提供数据的交互式查询，还提供各种数据分析、数据集下载等功能。

 本章小结

这一章我们主要介绍了 6 个可以实现数据搜索的工具。这些工具本质上属于垂直搜索，只不过搜索的对象是数据而已。要查找我国统计数据，首选国家统计局网站的数据查询，在这里不仅可以输入指标进行数据查询，也可以通过导航查找统计数据，还可以看到快速报表。国家统计局提供全国性，以及较为宏观的地区、行业数据，更为细化的地区、行业数据可以去各省市统计局网站、各部委网站查找，一般都能找到。如果要找全球性的统计数据，可以从世界银行、国际货币基金组织、联合国等一些国际性组织的网站上查找。特别推荐世界银行，不仅可以在线查，而且提供图表化的对比分析。

第 13 章

专利 / 标准：官方资源，免费获取

专利和标准是保护知识产权和推动产业创新的重要元素。专利是指对新技术或新产品的独占性控制权，它促进了技术创新和发明的进步。而标准则是制定产品和服务规范的过程，可以降低成本、提高效率和产品质量，同时促进了技术合作和共享标准。

在现代经济和科技领域，许多人会遇到需要使用专利和标准的情况。例如，研发人员和工程师需要了解专利信息以避免侵犯知识产权；企业需要遵守标准来确保产品的质量和用户体验。此外，学生、教师和科学家等需要使用专利和标准信息来进行研究和实验等工作；普通人也可能需要查找相关产品的标准以确保产品的安全和质量。

获取专利和标准资源的途径有很多。其中，许多政府机构和国际组织提供免费的专利和标准检索系统和平台。本章就介绍几个获取专利和标准资源的官方渠道。

13.1 中国专利公布公告：国知局的专利检索系统

小李是一名庭院管理员，他经常需要清除庭院中的杂草。一天，他看到其他庭院管理员在使用一种新型的除草工具，可以更加高效地完成工作。他也很想了解这种除草工具的使用方法和优点，以便自己的庭院工作更高效。

在这种情况下，他可以通过中国专利公布公告系统来查询相关的专利。该系统是国知局提供的一个专利检索系统，其中提供各式各样的专利信息和专利检索服务。小李可以在系统中输入与他关心的主题有关的搜索关键词，例如"除草工具""新型除草器"等，并查找相关的专利草案，具体操作步骤如下。

步骤 1 打开浏览器，❶通过搜索进入中国专利公布公告系统的首页界面；❷在搜索框中输入"除草"；❸单击"查询"按钮，如图 13-1 所示。

图 13-1　搜索想了解的专利关键词

> **Tips**　在国家知识产权局官网上单击"专利公布公告"超级链接，也可以进入中国专利公布公告系统。用户可以在该系统中搜索并检索中国发表的专利文献，包括已公布和已授权的专利文献。同时，在该系统中，用户还可以查看专利全文、专利法律状态和专利法律事件等信息。该系统提供多种搜索选项，可以根据专利名称、专利号、申请人和发明人等信息进行搜索，并可以进行高级检索、分组等操作，方便用户快速找到所需的信息。

步骤②　显示搜索结果，在下方罗列了搜索到的与除草相关的专利文献，并可以看到各专利的题录信息，单击想要查看的专利选项中的"发明专利申请"按钮，如图 13-2 所示。

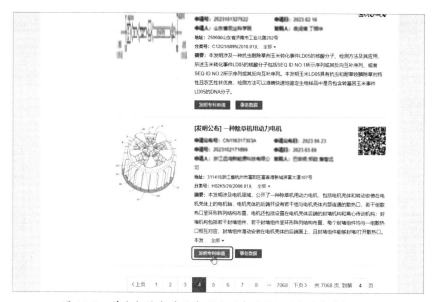

图 13-2　单击想要查看的专利选项中的"发明专利申请"按钮

步骤③ 进入这个专利文献的全文页面，总页码一般比较多，可以逐页浏览，也可以单击"下载PDF"按钮将全文下载下来，如图13-3所示。

图13-3 单击"下载PDF"按钮下载全文

> **Tips** 通过查询，你可能会发现一些有关的专利文献。这些文件通常包含有关该工具的详细信息，包括设计图纸、工作原理等。此外，还可以从相关文献中查看该专利的法律状况、拥有者信息和相关的专业知识。所以，使用中国专利公布公告系统，可以丰富自己某方面的知识，还能掌握先进的技能来更好地完成工作。

同步训练 查看近期申请下来的专利详情

操作提示：

❶ 进入中国专利公布公告系统的首页界面；

❷ 在上方的菜单栏中选择"专利公报查询"选项；

❸ 在新页面中可以分类查看最近更新的发明专利公报、实用新型专利公报、外观设计专利公报。

> **Tips** 在国家知识产权局官网上单击"专利检索"超级链接，可以进入国知局的专利检索及分析系统。这是一个提供专利检索和分析服务的平台。在该系统中，用户可以进行各种类型的专利检索，并对检索结果进行分析和统计，还可以查看专利全文、专利法

律状况等信息。此外，该系统还提供专利数据分析工具，可以结合专利分析数据对专利技术和市场趋势等进行分析和预测。相比于中国专利公布公告，它具有更强的分析功能，但是需要注册登录。

13.2 Patent Public Search：
美国专利与商标局的专利检索系统

Patent Public Search（PTS）是美国专利与商标局（United States Patent and Trademark Office，简称USPTO）提供的一个专利检索系统，允许公众查询专利和商标申请信息。通过PTS，用户可以搜索并检索美国发表的专利文献，包括已授权和待审查的专利文献。此外，该系统还提供友好的用户界面，为用户提供多种搜索选项和过滤器，并能够显示相关的专利信息、分类数据和文献引用信息等。

例如，要通过Patent Public Search查询微软公司的专利，具体操作步骤如下。

步骤① 打开浏览器，❶通过搜索进入Patent Public Search的首页界面，在其中可以看到"Basic Search"（基本检索）和"Advanced Search"（高级检索）两个按钮，分别对应Patent Public Search提供的两个可选界面；❷这里单击"Basic Search"按钮，如图13-4所示。

图13-4 Patent Public Search的首页界面

Tips USPTO是美国负责专利和商标事务的官方机构，类似于我国的国家知识产权局。USPTO官网首页的菜单栏提供"Patents"菜单项，移动鼠标光标到该菜单项上会弹出下拉菜单，在其中选择"Search for patents"选项，即可在新界面中看到进入Patent Public Search的超级链接，单击即可进入Patent Public Search的首页。

步骤② 进入基本检索界面，注意"Search"下方的下拉列表框中默认选择"Everything"选项，实际上也可以选择其他的检索字段，如"Applicant name"（申请人姓名）、"Assignee name"（受让人姓名）、"Attorney agent/firm"（代理机构）、"Attorney name"（代理人姓名）、"Patent/ Application publication number"（专利或专利申请公开号）、"Inventor name"（发明人姓名）、"Publication date"（出版日期）等。❶这里设置检索字段为"Applicant name"；❷在后面的文本框中输入"microsoft"；❸单击"Search"按钮，如图13-5所示。

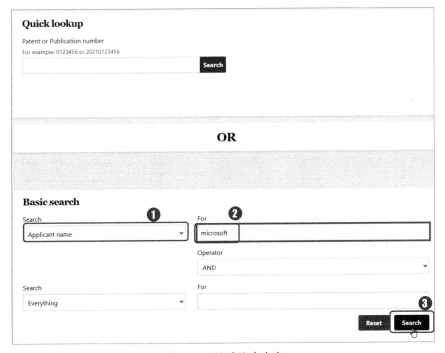

图13-5 设置检索内容

Tips 在Patent Public Search首页中单击"Advanced Search"按钮，将进入高级检索界面，在其中可以进行更高级的检索设置。

步骤③ 显示搜索结果界面，每条结果都包含专利号、标题、发明人、出版日期、页数等内容。单击想要查看的专利选项栏中对应的"Preview"（预览）超级链接，系统会弹出一个小窗口，其中显示的是这个专利文献的第一页，如图 13-6 所示。

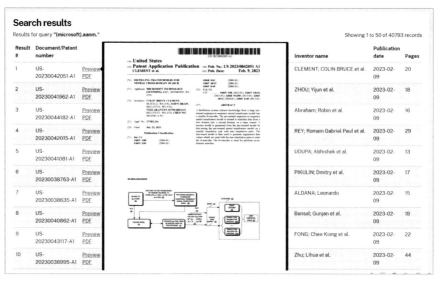

图 13-6　预览专利文献的第一页

> **Tips**　单击想要查看的专利选项栏中对应的"PDF"超级链接，将会打开这个专利文献的 PDF 全文。

同步训练　通过 Patent Public Search 查询 Apple 公司的专利

操作提示：

❶ 进入 Patent Public Search 的首页界面；

❷ 单击"Basic Search"按钮，进入基本检索界面；

❸ 设置检索字段为"Applicant name"，在后面的文本框中输入"apple"并搜索；

❹ 在搜索结果中单击"PDF"超级链接，查看相应的专利文献的全文。

13.3　Espacenet：欧盟的专利检索系统

Espacenet 是欧盟专利局（European Patent Office，简称 EPO）提供的一个专利

检索系统，允许公众查询欧洲专利申请信息。通过Espacenet，用户可以获取欧洲专利申请的基本信息，如申请号、发明人、申请日期和专利类别等。

Espacenet提供多种检索方式，包括关键词检索、法律状态检索等，并提供全文检索，方便用户查询和获取专利文献信息。此外，该系统还提供多种过滤器，以及用户可以对搜索结果进行分类和分析的功能。

假设小张是一位新能源汽车厂商专员，他需要了解欧盟相关的火车动力能源领域的专利信息，以保证其公司在开发新一代的动力电池时不侵犯他人的专利。在这种情况下，小张通过欧盟专利检索系统查询相关的专利，具体操作步骤如下。

步骤 ① 打开浏览器，❶通过搜索进入Espacenet检索系统的首页界面；❷在搜索框中输入关键词"动力电池"；❸单击"搜索"按钮，如图13-7所示。

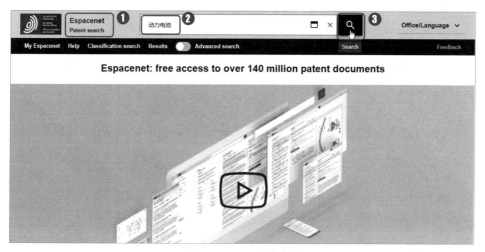

图 13-7　设置搜索内容

> **Tips**
> 用Espacenet找专利，可以从欧盟专利局的官网首页开始，在首页的搜索框前面有两个选项，一个是Website，这是站内搜索；另一个是Patents，这个是专门搜索专利的。在搜索框中输入关键词，然后单击后面的"Patents"按钮即可。

步骤 ② 显示搜索结果，❶选择需要查看的搜索结果选项，在页面右侧会显示这个专利的题录数据和附图；❷单击"Bibliographic data"后面的下拉按钮；❸在弹出的下拉列表中选择"Original document"选项，即查看原始文档，如图13-8所示。

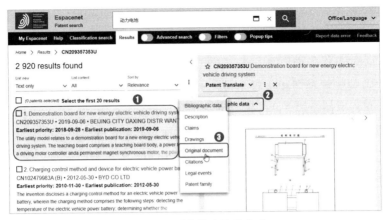

图 13-8　预览搜索结果内容

> **Tips**　在 Espacenet 官方网站的首页界面上方有一个"Advanced search"开关，默认是关闭的，拖动滑块开启后会出现高级检索界面，其中"Query language"用于设置语言，默认的语言包括英语、德语和法语三种。下面是 5 个设置区域，第一个区域主要和专利内容有关，默认给出了两个检索字段，一个是 Title（标题），另外一个是 Title or abstract（标题或摘要）；第二个区域的检索字段主要涉及专利的申请号、公开号和优先权号；第三个区域控制的是时间，默认给出的是公开日期；第四个区域主要考虑的是专利权利主体，包括申请人和发明人；最后一部分是分类号。这 5 个区域的最上方显示了一个"AND"，它控制下这 5 个区域的布尔逻辑运算关系，默认的是"AND"，表示 5 个区域的条件都必须满足，当然，也可以选择另外两种运算关系，OR 或 NOT。单击"Field"前面的加号标记，还可以增加新的检索字段。

步骤③　经过上步操作后，会在页面的右侧显示这个专利的全文信息，如图 13-9 所示。

图 13-9　查看专利的全文信息

同步训练 使用 **Espacenet** 查询 **5G** 相关的专利

操作提示：

❶ 进入 Espacenet 官方网站的首页界面；

❷ 以"5G"为关键词进行搜索；

❸ 在显示的搜索结果中选择需要查看的选项，查看这个专利的题录数据和附图；

❹ 单击"Bibliographic data"后面的下拉按钮，在弹出的下拉列表中选择"Original document"选项，查看原始文档。

13.4 PATENTSCOPE：世界知识产权组织的专利检索系统

听说过WIPO吗？它的全称是"World Intellectual Property Organization"，也就是世界知识产权组织。PATENTSCOPE是WIPO提供的一个多语言专利检索系统。该系统提供全文检索、基于关键词的检索和高级检索，用户可以搜索和检索国际专利文献，包括PCT国际专利申请和WIPO成员国的专利文件。同时，在该系统中，用户还可以通过视觉化的方式对检索结果进行浏览、导出和分析，该系统为用户提供多种统计数据和图表。

例如，要在PATENTSCOPE中搜索有关人工智能的专利，具体操作步骤如下。

步骤① 打开浏览器，❶通过搜索进入WIPO的首页界面；❷单击页面右上角的"English"下拉按钮；❸在弹出的下拉列表中选择"中文"选项，如图13-10所示。

图 13-10 设置语言

步骤② 拖动鼠标光标向下移动，单击界面中的"PATENTSCOPE"超级链接，如

图 13-11 所示。

图 13-11 单击"PATENTSCOPE"超级链接

Tips 　直接搜索 PATENTSCOPE 不容易找到 PATENTSCOPE 的网址，所以可以通过世界知识产权组织官网提供的超级链接进入 PATENTSCOPE 页面。

步骤③ 在新界面中对 PATENTSCOPE 进行了简单的介绍，单击下方的"访问PATENTSCOPE 数据库"按钮，如图 13-12 所示。

WIPO

中文 ∨ 　🔍 　知识产权门户登录

学习了解 ∨ 　查找浏览 ∨ 　保护管理 ∨ 　伙伴协作 ∨ 　产权组织 ∨

主页 ＞ PATENTSCOPE

PATENTSCOPE

关于语言版本的说明：如果要找的网页尚未提供中文，可能会被重定向至英文网页。要选择其他语言，请使用下拉语言菜单。我们对适成的不便表示歉意，我们正在努力增加其他语言的内容。

通过 PATENTSCOPE 数据库可查询：

- 已公布的 PCT 国际申请在公布之日的全文内容
- 国家和地区参与专利局的专利文献
- 非专利文献

进行专利检索时，可以用多种语言输入关键字、国际专利分类、化合物、编号及许多其他检索条件。通过以下方式了解更多信息：

- 观看简短的技巧和妙招视频
- 免费参加网络研讨会
- 在线或在小册子中进行实操练习 PDF（查看答案 PDF）

查阅用户指南

[访问 PATENTSCOPE 数据库]

视频：什么是 PATENTSCOPE？为什么要使用它？

图 13-12 单击"访问 PATENTSCOPE 数据库"按钮

步骤④ 进入 PATENTSCOPE 检索页面，默认为简单检索，❶在左侧的下拉列表框中设置检索点为"任意字段"；❷在右侧的文本框中输入检索词"人工智能"；❸单击"搜索"按钮，如图 13-13 所示。

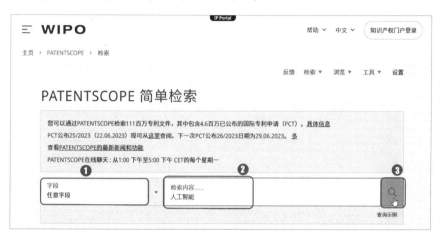

图 13-13　设置检索条件

步骤 ⑤ 在打开的页面中罗列了搜索到的相关专利，每条结果都包含公开号、名称、分类号、申请号、申请人、发明人、公开时间、摘要等信息。单击想要查看的专利对应的公开号超级链接，如图 13-14 所示。

图 13-14　选择要查看的专利详情超级链接

步骤 ⑥ 进入所选专利的详情页面，默认显示的是这个专利的题录数据，在上方还提供"说明书""权利要求书""附图""同族专利""文件"等选项卡，每个选项卡中包含该专利的不同内容。这里单击"文件"选项卡，如

图 13-15 所示。

图 13-15　单击"文件"选项卡

步骤 ⑦ 即可显示该专利提供的可下载文档，例如单击"PDF"超级链接可以下载 PDF 文档，单击"ZIP"超级链接可以下载专利压缩包，其中一般包括文本说明书、权利要求书、附图等，如图 13-16 所示。

图 13-16　下载专利相关文档

> **Tips** 在 PATENTSCOPE 检索页面右上角单击"检索"下拉按钮，在弹出的下拉列表中进行选择可以切换到 PATENTSCOPE 的高级检索、字段组合检索、跨语种扩展、化合物检索等其他检索方式。

同步训练 在 PATENTSCOPE 中检索专利申请号

操作提示：

❶ 进入 WIPO 的首页界面；

❷ 设置查看语言为中文；

❸ 单击"PATENTSCOPE"超级链接进入 PATENTSCOPE 检索界面；

❹ 输入需要查询的专利申请号"20215932"；

❺ 查看搜索结果。

13.5 国家标准全文公开系统

有些产品有标准，产品研发和生产需要先查标准。查标准，推荐使用国家标准全文公开系统，它是由中国国家标准化管理委员会（SAC）提供的国家公开标准文献检索服务。该系统提供全面的国家标准和行业标准文献资料及其标准内容信息查询和阅读服务。用户可以通过标准的编号、名称、起草部门、发布日期、适用范围等检索条件检索标准文献。

在国家标准全文公开系统中，我们可以查到所有的国家标准，不过有些标准能够全文下载，有些标准只能在线阅览，还有些标准只能看简要信息。这里主要涉及采标和非采标的问题，在该系统网站的首页上有介绍，如图 13-17 所示。

图 13-17 国家标准全文公开系统

在我国标准的标准号中，GB 开头的是国家标准，D 开头的是地方标准，T 开头的是团体标准，Q 开头的是企业标准，除此之外的字母开头，基本上都是行业标准。国家标准从强制性上分为强制性标准和推荐性标准，标准号中，GB 后面有 T 的是推荐性标准，没有 T 的是强制性标准。从是否采用国际国外其他组织标准的角度，分为采标和非采标。两个维度，四类标准，相互组合，形成四个结果。这四个结果，对应国家标准全文公开系统中提供的三种权限，如图 13-18 所示。

国家标准	采标	非采标
强制性	查看题录 在线阅览	查看题录 在线阅览 下载全文
推荐性	查看题录	查看题录 在线阅览

图 13-18　国家标准分类和对应权限

（1）强标中的非采标，既能预览又能下载。

（2）推标中的采标，预览下载都不行。

（3）强标中的采标，推标中的非采标，都只能预览，不能下载。

> **Tips** 对于官方网站不能查到全文的标准，可以记下标准号和标准名，然后去百度文库试试，一般能找到。

同步训练　在国家标准全文公开系统中查读写作业台灯性能要求标准

操作提示：

❶ 进入国家标准全文公开系统的首页界面；

❷ 在搜索框中输入关键词"读写作业台灯性能要求"进行搜索；

❸ 在搜索到的结果中单击"在线预览"按钮，查看这个标准的全文信息。

> **Tips** 食品安全、环境保护、工程建设方面的国家标准未纳入国家标准全文公开系统中。要查国家标准、地方标准、行业标准、企业标准、团体标准，其实可以直接到全国标准信息公共服务平台进行查询。该平台的主办单位是国家市场监督管理总局国家标准技术审评中心，官方出品，权威可靠。在该平台中的几个超级链接，分别对应专门的

查询平台。例如，"行业标准"超级链接就对应行业标准信息服务平台，只需要在搜索框中输入标准名称，就可以直接查询。

 本章小结

本章介绍了一些免费获取官方专利和标准资源的平台，包括国内的国知局专利检索系统和国家标准全文公开系统，以及国外的美国专利与商标局的Patent Public Search、欧盟的Espacenet及世界知识产权组织的PATENTSCOPE。通过学习这些资源的使用方法，用户可以更好地查询和获取有关专利和标准的信息和资源，以便更好地理解相关领域的技术发展情况和法律环境，从而为决策和实践提供有力支持。

第 14 章

综合学术检索系统：商业数据库也有免费功能

当涉及学术研究和信息获取时，综合学术检索系统是一种强大的工具。这些系统汇集了广泛的学术资源，包括期刊论文、学位论文、会议论文等，为研究人员、学生和其他学术从业者提供便捷的信息检索和获取途径。

本章我们将详细介绍CNKI、万方和维普这三个系统的特点和使用技巧。通过学习，你将掌握使用综合学术检索系统的关键要点，包括一站式检索、子库选择和高级检索等，从而更有效地开展自己的学术研究和信息获取工作。让我们一起深入探索这些综合学术检索系统，为学术探索添砖加瓦！

14.1 CNKI的一站式检索

CNKI（中国知网）是一个综合学术检索系统，在学术界被广泛使用。它提供一站式的检索，让用户可以方便地获取各学科领域的学术资源。用户只需在CNKI的检索界面输入关键词，系统就会返回相关的学术文献结果。

例如，小王是一位研究人员，想要查阅与新能源领域相关的学术文献。使用CNKI进行一站式的检索，输入关键词"新能源"后的检索结果如图14-1所示，其中涵盖各领域的相关文献资源，包括相关期刊论文、学位论文等。

图 14-1　CNKI 的一站式检索结果

如果小王只是需要查看新能源领域相关的会议文献，可以在图14-1所示的检索结果页面中进一步对搜索结果进行类别筛选，即在顶部的菜单栏中选择需要查看类别的命令。这里选择"会议"命令，就可以仅显示相关的会议文献了，如图14-2所示。

图 14-2　筛选搜索结果

当然，如果一开始搜索的内容就比较明确，可以直接在搜索时进行设置，具体操作步骤如下。

步骤 ① 打开浏览器，❶通过搜索进入CNKI的首页界面；❷在搜索框左侧的下拉列表中设置要检测的字段，这里保持默认的"主题"选项；❸在搜索框中输入搜索关键词"新能源"；❹在下方的文献类型中仅选中"会议"复选框；❺单击"搜索"按钮，如图14-3所示。

图 14-3　设置搜索条件

步骤② 显示搜索结果，这里仅列出了会议类型的文献，选择想要查看的文献名称选项，如图 14-4 所示。

图 14-4 选择要查看的文献选项

Tips 在搜索结果界面单击文献名称最右侧的 ⬇ 图标即可下载文件，单击 ⊞ 图标即可查看文献详细内容。

步骤③ 打开新的页面，在其中可以看到所选文献的题录信息，如图 14-5 所示。

图 14-5 查看文献摘要内容

Tips 在 CNKI、维普、万方中可以免费搜索文献内容，获取题录信息也免费，但如果需要查看文献的全文内容或下载，则需要权限。一般是图书馆集中购买权限，然后设定在指定的 IP 范围内个人可以免费使用。

同步训练 在CNKI中查询"人工智能"相关的学位论文

操作提示：

❶ 进入CNKI的首页界面；

❷ 以"人工智能"为关键词进行搜索；

❸ 在搜索结果中筛选学位论文类的文献；

❹ 选择想要查看的文献名称，并查看其题录信息。

14.2 认识CNKI的子库

　　CNKI拥有丰富的学术子库，包括期刊、学位论文、会议论文、报纸等不同类型的文献资源。每个子库都涵盖特定学科领域的文献，并提供更专业化的检索和筛选功能。用户可以根据自己的需求，选择特定的子库进行检索，以获取更精准的结果。例如，要查找CNKI中的标准文献，也可以直接在标准数据总库下搜索，具体操作步骤如下。

步骤① ❶通过搜索进入CNKI的首页界面；❷在搜索框下方的文献类型中单击"标准"超级链接，如图14-6所示。

图14-6　单击"标准"超级链接

步骤② 进入CNKI的标准数据总库界面，这是CNKI的一个子库。在搜索框左侧的下拉列表中可以设置检索字段，在搜索框中输入搜索关键词即可开始搜索，如图14-7所示。

图 14-7　搜索标准文献

> **Tips**　为了更好地利用CNKI的子库，用户可以熟悉各子库的特点和所包含的文献类型。了解不同子库所涵盖的学科范围和相关文献资源的特点，可以帮助用户更准确地选择子库进行检索，并获取相关领域的学术资料。

同步训练 在CNKI子库中搜索"人工智能"相关的专利文献

操作提示：

❶ 进入CNKI的首页界面；

❷ 单击搜索框下方的"专利"超级链接，进入CNKI专利库这个子库；

❸ 以"人工智能"为关键词进行搜索。

14.3　玩转CNKI的高级检索

CNKI提供高级检索功能，帮助用户更精准地定位所需的学术资源。通过高级检索功能，用户可以在检索过程中设置各种检索条件和逻辑运算符，以便更准确地筛选和过滤检索结果。

在CNKI的首页界面中单击搜索框右侧的"高级检索"超级链接，如图14-8所示。即可进入CNKI高级检索界面，系统默认的文献类型是全部，也就是"总库"，如图14-9所示。在最下方单击不同的选项卡可以切换到对应的文献类型检索界面，各界面效果和搜索功能略有不同。

图 14-8　单击"高级检索"超级链接

图 14-9　CNKI 高级检索界面

下面举例介绍高级检索的具体使用方法，假设我们要检索四川大学硕士学位在 2020—2023 年所发表的论文，具体操作步骤如下。

步骤① 在 CNKI 的高级检索界面，❶单击最下方的"学位论文"选项卡；❷在弹出的下拉列表中选择"硕士"选项，如图 14-10 所示。这样搜索到的都是硕士学位发表的论文。

图 14-10　筛选文献类型

步骤 ② 进入对应的检索界面，❶在第一个下拉列表框中选择检索字段为"作者单位"；❷在第一个文本框中输入检索词"四川大学"，后面的匹配方式保持默认选项"模糊"；❸设置时间范围为"2020—2023"；❹单击"检索"按钮，如图 14-11 所示。

图 14-11　设置检索条件

步骤 ③ 在下方显示检索结果，如图 14-12 所示。

图 14-12　超级链接

> **Tips** 　　在CNKI的高级检索中，系统给出的每一个检索字段都能调整匹配方式，有"精确"和"模糊"两种选择。"精确"指的是完全一致，"模糊"指的是包含关系。
> 　　在CNKI高级检索界面的右侧有CNKI规则的详细说明。例如，CNKI支持布尔检索运算，在CNKI的检索框中，可以用"+"表示或关系，用"*"表示并且关系，用"−"表示布尔逻辑"非"，而且用这三个符号的时候，左右必须各有一个空格。

同步训练 **用CNKI检索某大学固定时间段内的高产作者**

操作提示：

❶ 进入CNKI的高级检索界面；

❷ 筛选检索文献类型为"学术期刊"；

❸ 设置检索字段为"作者单位"，检索词为"浙江大学经济学院"，匹配方式为"模糊"，时间范围为"2015—2023"，选中"CSSCI"复选框；

❹ 在检索结果页面左侧的筛选区中展开"作者"下拉列表，查看搜索结果中每个作者对应的论文发表数量（作者姓名后面的数字）。

14.4 万方的一站式检索

万方是另一个知名的学术检索系统，它提供包括期刊、学位论文、报纸、会议论文等多种类型的学术资源。通过万方，用户可以进行一站式的检索，满足不同领域的学术需求。

万方数据的首页界面如图14-13所示，虽然数据库不同，界面也有区别，但其与CNKI的搜索思路基本是一样的。

图14-13 万方数据的首页界面

万方也能进行子库搜索，单击图14-13所示的下部位置的各按钮即可进入各个子库。万方子库涵盖不同学科领域的学术资源，用户可以根据自己的需求选择特定的子库进行检索。比如，无机化学、电子信息等不同学科领域都有相应的子库，用户可以选择对应的子库进行检索，以获取更专业化的学术资源。

　　万方还提供高级检索功能，用户可以设定检索条件、加入逻辑运算符等，以获得更准确的检索结果。

同步训练 用万方检索汽车领域的最新科技成果

操作提示：

❶ 进入万方的首页界面；

❷ 单击"科技成果"按钮，进入专项检索界面；

❸ 以"汽车"为关键词进行搜索；

❹ 在搜索结果界面的左侧筛选区域中设置公布年份为"2022"，查看搜索到的结果信息。

> **Tips** 维普是另一个常用的学术文献检索平台，它提供丰富的文献资源，包括期刊、会议论文、学位论文等。用户可以通过维普进行高效的学术文献检索和获取相关信息。

本章小结

　　本章详细介绍了综合学术检索系统，着重以CNKI为例介绍了系统的特点和使用技巧。通过该系统，用户可以实现一站式的检索，并且可以利用高级检索功能和子库筛选，更精准地获取所需的学术资源。同时，用户还可以通过掌握一些高级搜索技巧，如检索字段、逻辑运算符、结果排序等，提高检索效率和准确性。CNKI、万方和维普等常用学术检索系统虽然是商业数据库，但检索功能是完全免费的，不购买也能使用，获取全文时才需要付费。

第 15 章

学术搜索引擎：专注于学术的垂直搜索

学术研究常常需要在海量信息中找到准确且可靠的学术文献。除了商业数据库，还存在许多专注于学术的垂直搜索引擎，其中一些甚至提供免费的功能。这些学术搜索引擎通过其独特的特点和功能，帮助研究人员更高效地搜索和获取学术文献资源。本章将介绍几个知名的学术搜索引擎，包括百度学术、DOAJ 和 OALIB。

15.1 百度学术：保持学习的态度

侄女最近在赶论文，可是周末回家时发现CNKI不能免费使用了，急得火烧眉毛给我打电话。她告诉我，在学校的图书馆和实验室里，CNKI一直是她获取学术资源的重要途径。然而，由于CNKI这一类的学术数据库有IP地址范围限制，只能在学校的网络地址范围内使用，她现在虽然可以检索文献，但是不能下载全文了。这对于正迫切需要大量准确学术文件支持的她来说，无疑是雪上加霜。

对于侄女这样的情况，实际上不只是她一个人面临这个问题。很多研究人员和学生也因为这种网络范围限制而感到苦恼，尤其是在离开校园的时候。然而，幸运的是，除了CNKI这类学术数据库，还存在其他一些途径可以为人们提供免费的学术资源。我推荐使用百度学术。

百度学术是中国最大的学术搜索引擎之一。该平台提供全面的学术资料搜索功能，包括学术论文、学位论文、会议论文等。百度学术通过其大规模的学术文献库，为用户提供快速、准确的搜索结果。

例如，我侄女需要搜索AI绘画方面的文献，具体操作步骤如下。

步骤 **1** 打开浏览器，**❶**通过搜索进入百度学术的首页界面；**❷**在搜索框中输入检索词，如"AI绘画"；**❸**单击"百度一下"按钮，如图15-1所示。

图 15-1　设置搜索条件

步骤② 进入搜索结果界面，左边是筛选区，我们可以根据时间、领域、核心类别、获取方式、关键词等条件进行筛选。例如，只想搜索免费内容，选择"免费下载"选项即可；如果只想搜索北大核心期刊中的内容，选择"北大核心期刊"选项即可。中间区域显示的是具体文献结果，能看到文献的题目、作者、摘要、时间等题录信息。每一条结果下面还显示来源，比如图 15-2 所示的第一条结果来源于 cprs.patentstar，第 2 条结果来源于知网。这里单击第 3 条结果中"来源"栏中的"百度文库"超级链接。

图 15-2　单击"百度文库"超级链接

> **Tips**　搜索结果页面中文献名称下方的"被引量"可以帮助我们大致了解这篇文献的影响力。部分搜索结果的来源比较多，会在右侧显示一个下拉按钮，单击该按钮可以显示该文献的所有来源。

如果你要引用找到的文献，可以直接单击"引用"按钮，在弹出的窗口中复制第一条（我国参考文献的国家标准格式）就可以导出参考文献了，如图 15-3 所示。如果要引用多条结果，就单击"批量引用"按钮，单击之后页面右边的参考文献收藏

图 15-3　导出参考文献

夹中就会增加一条，最后可以单击"收藏夹"图标一键导出所有收藏的参考文献。

步骤③ 进入对应的文献内容查看页面，查看文献内容后，单击"下载本文"按钮可以下载全文，如图 15-4 所示。

图 15-4　下载全文

Tips 百度学术实际上是一个资源整合平台，能聚合多个渠道的文献资源，实现跨库检索。至于检索到的内容能不能获得全文，还要看有没有具体的权限。爱学术、道客巴巴、百度文库、豆丁网大部分是可以免费获取全文的，至于万方、知网、维普等数据，就要看有没有相关权限了。

同步训练 通过百度学术精准搜索"颈椎神经压迫"相关的中文文献

操作提示：

❶ 进入百度学术的首页界面；

❷ 单击"高级搜索"超级链接，进入高级检索界面；

❸ 设置精确检索词为"颈椎神经压迫"，语言检索范围为"中文"，单击"搜索"按钮进行搜索；

❹ 在搜索结果界面中，选择需要查看的文献名称下需要查看的文献来源途径，进入对应的程序界面查看文献内容。

15.2 DOAJ：搜索OA文献

上一章中，我们介绍的CNKI、维普、Springer、Web of Science等学术文献数据库，都需要相应的权限，否则，获取全文就比较困难。如果你要找的文献来自于OA期刊，就可以直接下载全文，无须付费了。OA期刊有不少，全文一般在各自的网站上，查找下载需要分别去找，比较麻烦。

> **Tips** OA（Open Access），是一种学术期刊出版模式。与传统的出版模式不同，OA强调"读者免费"。OA期刊，可以简单理解为，读者可以免费获取全文的期刊。

DOAJ（Directory of Open Access Journals）是一个致力于推广开放获取学术期刊的搜索平台，只搜索OA学术文献，属于垂直搜索引擎的范畴。DOAJ虽然不保存这些学术文献的全文，但它提供一个检索入口，通过DOAJ，可以搜索到大量的开放获取文献资源，包括各个学科领域的学术期刊，再通过搜索到的入口链接就可以进入对应的网站下载全文。

例如，我们要搜索一篇与"人工智能"相关的学术论文，具体操作步骤如下。

步骤 ① 打开浏览器，❶通过搜索进入DOAJ官网的首页界面；❷在搜索框中输入"人工智能"的英文"Artificial Intelligence"；❸在右侧的下拉列表框中可以设置检索点，这里选择搜索标题，即选择"Title"选项；❹单击"SEARCH"按钮，如图15-5所示。

图15-5 设置搜索条件

> **Tips** 搜索框上方有两个单选按钮，选中"Journals"单选按钮，可以搜索期刊；选中"Articles"单选按钮，可以搜索论文。在搜索时为了让结果更精准，可以在检索词的前

后加上半角双引号，表示这是一个短语，不能分开。默认采用全文检索方式，即"Select All"。

步骤② 进入搜索结果界面，在左侧可以使用过滤器来进一步筛选文献，右侧显示每条结果的论文题目、作者、期刊名称及年卷期等题录信息。这里直接单击第一个结果右侧的"Read online"超级链接，如图 15-6 所示。

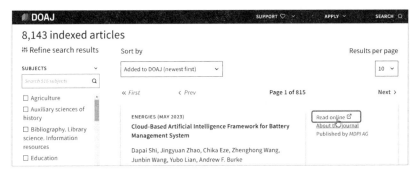

图 15-6　单击"Read online"超级链接

步骤③ 打开对应的文献提供网站页面，在其中可以查看该文献的相关信息，❶单击"Download"按钮；❷在弹出的下拉列表中选择需要下载的全文类型，这里选择"Download PDF"选项，即可下载 PDF 类型的全文内容，如图 15-7 所示。

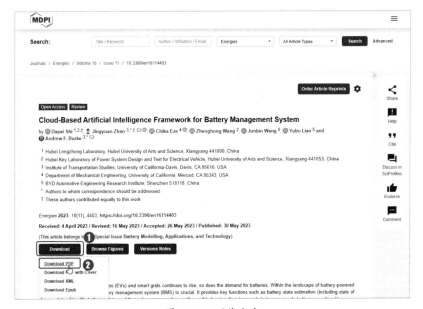

图 15-7　下载全文

> Tips 如果文献不可下载，你可以在页面上找到提供文献的链接，可能需要进一步访问相关期刊或机构的网站来获取全文。

同步训练 通过DOAJ搜索有关"虚拟现实"的学术论文

操作提示：

❶ 进入DOAJ官网的首页界面；

❷ 以"virtual reality"为关键词进行搜索；

❸ 查看搜索结果；

❹ 修改检索点为"Title"，查看搜索结果有什么变化；

❺ 进一步调整搜索参数和搜索结果左侧的过滤器，以获得更精准的搜索结果。

15.3 OALib：OA论文搜索引擎

OALib是Open Access Library公司创建的一个全文开放存取性质的学术文献搜索引擎，其中存储了开源论文及论文元数据，提供包括OALib期刊出版、OA期刊论文检索、OALib Preprints及外来预印本和后印本的存储服务，为研究人员提供了广泛的学术信息。下面，我们以在OALib上搜索与"JAVA"相关的学术论文为例，讲解具体的操作步骤。

步骤 ① 打开浏览器，❶通过搜索进入OALib的首页界面；❷在搜索框中输入"JAVA"；❸单击"Search"按钮，如图15-8所示。

图 15-8 设置搜索条件

步骤② 进入搜索结果界面，在该界面的左侧和上方可以对结果进一步筛选，这里直接单击一个感兴趣的文献名称超级链接，如图 15-9 所示。

图 15-9　单击文献名称超级链接

步骤③ 在新界面中会显示所选文献的相关信息，单击"Full-Text"超级链接，如图 15-10 所示。

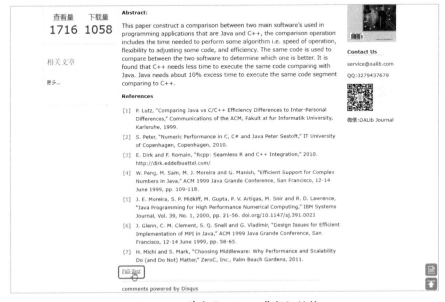

图 15-10　单击"Full-Text"超级链接

步骤④ 在新界面中可以看到该文献的全文内容，单击页面上方右侧的"下载"图标，即可下载该文献内容，如图 15-11 所示。

图 15-11　下载文献内容

> **Tips**　OALib 的主要业务有 OALib Journal 和 OALib Preprints。OALib Journal 是一个同行评审的开放获取学术期刊，覆盖数学、物理、生命科学、化学材料、地球环境、医药卫生、工程技术、信息通信、人文社科、经济管理等多个领域。该期刊接收各种语言撰写的稿件，而发表在 OALib Journal 上的文章同时会被存放在 OALib 以供检索和浏览。OALib Preprints 接受任何未在正式出版物上发表的科研论文、科技报告等文章，凡内容符合平台所涵盖的 311 个领域的，均可将文章投递至 OALib Preprints 进行存储。凡通过 OALib Preprints 编辑部预审的稿件，会被存储到对应学科领域的数据库中，并提供全文免费下载。出于和同行交流目的自愿先在学术会议或通过互联网发布的科研论文、科技报告等文章，都可以以预印本的形式先使用，后期作者仍然可以将预印本投稿到各期刊发表。

同步训练 通过 OALib 搜索有关"地球科学"的最新学术论文

操作提示：

❶ 进入 OALib 的首页界面；

❷ 单击"高级搜索"超级链接，进入高级检索界面；

❸ 搜索以"Earth Science"为关键词和期刊标题的文献内容；

❹ 在搜索结果中筛选出 2023 年发布的内容，并查看相关文献内容。

 本章小结

　　本章详细介绍了几个专注于学术的垂直搜索引擎，包括百度学术、DOAJ 和 OALib。这些学术搜索引擎通过其独特的特点和功能，为学术研究者提供了便捷、准确的学术文献搜索和获取途径。我们的讨论覆盖了使用百度学术进行学术文献搜索的技巧和功能，日常使用中一般通过关键词搜索就能搜索到想要的内容，复杂一点的通过结果筛选和高级检索也能完成。我们还探讨了 DOAJ 平台的特点和使用方法，以及如何使用 DOAJ 开放获取文献检索。此外，我们还介绍了 OALib 平台作为全文开放获取学术文献搜索引擎的功能和资源。

第 16 章

学位论文：免费的平台有很多

在你的学术道路中，是否曾经遇到过以下情况？当你攻读硕士或博士学位时，学位论文成为你向世界展示学术研究成果的重要窗口。对于这样的挑战，我们深知需要付出更多努力。所幸的是，我们为你准备了一份完整的指南，让你在写作学位论文时游刃有余。

对于写作学位论文的参考资源，我们提供了多种获取途径。首先，详尽的文献研究与综述是不可或缺的一部分。学术数据库、期刊、图书馆及各种学术平台都是进行文献搜集的宝贵资源。其次，从其他学术论文、专业书籍和研究报告中获取灵感和支持是非常有效的方法。此外，不要忘记与你的指导教师和同行交流，汲取他们的经验与专业知识。

话虽如此，我们也意识到获取学位论文可能会有一些困难。让人充满喜悦的是，现在有许多免费获取学位论文的平台与资源供你使用。本章将介绍几个常用的平台，借助免费获取的平台资源，你将能够在学术研究中迈出更大的一步。

16.1 综合搜索平台的学位论文检索

每到毕业季，都有不少同学为毕业论文发愁。写论文，先找参考文献，学位论文是不错的选择。

前面我们介绍的综合搜索平台是一种集成多个学术资源的平台，这些平台就可以帮助研究人员免费获取学位论文。通过 CNKI、万方、维普等综合搜索平台，用户可以在一个地方进行学位论文的全文检索，并从不同的数据库获取相关资源。这种综合搜索平台的优势在于其方便性和可访问性，使用户能够快速获取多个来源的学位论文。

隔壁班的小唐，专业是麻醉学，想写麻醉对学习记忆影响方面的毕业论文。通过万方数据找相关学位论文的具体操作步骤如下。

步骤 ① 打开浏览器，❶通过搜索进入万方数据的首页界面；❷单击"学位论文"超级链接，如图 16-1 所示。

图 16-1 单击"学位论文"超级链接

步骤② 进入学位论文搜索界面，❶单击搜索框；❷在弹出的下拉列表中会出现"题名""作者"等检索点，选择合适的检索点，这里选择"题名"选项，并输入检索词"学习记忆"；❸单击"检索"超级链接，如图 16-2 所示。

图 16-2 设置检索条件

步骤③ 页面显示搜索到的结果，选择需要查看的论文名称，如图 16-3 所示。

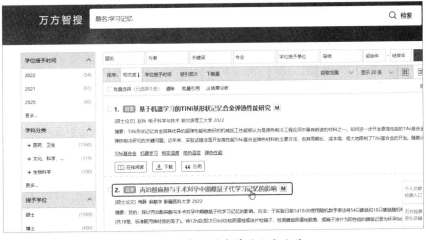

图 16-3 选择需要查看的论文名称

> **Tips** 在万方数据的学位论文搜索界面下方还有一些学科、专业、授予单位的超级链接，可以通过设置来实现导航搜索。在搜索结果界面中还可以对搜索结果进行筛选。

步骤④ 打开该论文的介绍界面，在其中可以看到该论文的题录内容，如果需要查看详细内容，可以单击"在线阅读"或"下载"超级链接，如图 16-4 所示。不过要查看全文或下载，需要具备一定权限才行，没有权限，在万方数据平台只能进行检索。

图 16-4 超级链接

> **Tips** 除了万方，CNKI、PQDT、CALIS 等数据库也可以找学位论文，操作方法都是类似的。在这些综合搜索平台中，用户可以输入关键词、作者姓名、论文题目等信息，进行学位论文的检索，也可以进入高级检索界面设置复杂的检索条件（具体操作方法请查看第 14 章内容）。平台会从多个学术数据库中检索相关的学位论文，并按照相关性排序展示结果。用户可以通过预览摘要、查看作者和发表时间等信息，快速判断是否满足自己的需求。一旦找到感兴趣的学位论文，用户可以点击进入详细页面，并根据平台提供的链接下载全文或查看相关文献，不过获取全文需要权限。

同步训练 通过 CNKI 查询某作者写作的"分子生物学"相关学位论文

操作提示：

❶ 进入 CNKI 的高级检索界面；

❷ 筛选检索文献类型为"博士论文"；

❸ 设置检索主题为"分子生物学"，作者为"何林熹"，匹配方式为"精确"；

❹ 查看检索结果中学位论文的具体内容。

16.2　MIT Theses：
麻省理工的学位论文平台，免费的哦

虽然 CNKI、万方都有学位论文库，但这些都是商业数据库，获取全文是有条件的。小刘是一名已经毕业的医学专业学生，已经不能再通过学校提供的权限免费使用 CNKI、万方了。他最近想查询工作相关的论文，问我有没有免费的渠道可以获取学位论文的全文信息。

如果没有权限，我推荐使用 MIT Theses，它是麻省理工学院的学位论文数据库，其中收录了该校自 2004 年以来的博硕士学位论文，2004 年之前的论文也不少，有 4 万多篇，最早可以追溯到 19 世纪中叶，涵盖的学科领域非常丰富。用户可以通过该平台免费搜索、浏览和下载来自不同学科领域的学位论文。

下面打开 MIT Theses，看看该平台如何使用。

步骤 1　打开浏览器，❶通过搜索进入 MIT Theses 的首页界面，在该界面的右上角有一个搜索框，可以直接搜索，也可以根据学科进行导航，"Theses by Department"栏提供了几十个学科；❷这里单击"Comparative Media Studies"超级链接，如图 16-5 所示。

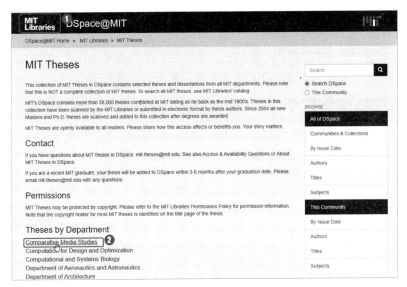

图 16-5　选择学科

> **Tips**　在 MIT Theses 的首页界面中还可以根据博士学位论文、硕士学位论文、学士学位论文进行导航。

步骤② 进入该学科界面，可以看到其提供了 76 篇学位论文。在上方的搜索框左侧的下拉列表框中可以限制学位类型，从而对搜索结果进行筛选。单击搜索框下方的"Show Advanced Filters"超级链接，还可以设置更多的限制条件，实现更精确的检索。这里任意单击一篇论文的标题超级链接，如图 16-6 所示。

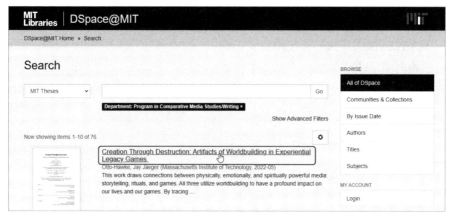

图 16-6 单击一篇论文的标题超级链接

步骤③ 在新界面中可以看到该论文的题录数据，单击"Download"按钮就可以下载该论文的全文内容了，如图 16-7 所示。单击页面下方的"Show Statistical Information"按钮，还可以看到该论文资源统计的利用情况，包括浏览量和下载量，这些内容都是以图表的形式显示的。

图 16-7 下载论文内容

> **Tips** 在MIT Theses平台上，用户可以通过关键词、作者、学院或学位类型等进行高级检索。这使得用户可以更精确地找到符合自己研究兴趣的学位论文。

同步训练 通过 MIT Theses 查询"人工智能"相关的学位论文

操作提示：

❶ 进入MIT Theses的首页界面；

❷ 以"Artificial Intelligence"为关键词进行搜索；

❸ 查看检索到的相关论文题录，并下载感兴趣的论文内容。

16.3 BRITISH LIBRARY EThOS：一个网站，合法免费获取海量英国博士学位论文

BRITISH LIBRARY EThOS是大英图书馆旗下的一个资源开放平台，为用户提供合法、免费获取海量英国博士学位论文的途径。该平台收集了来自英国各大学的博士论文，并提供统一的检索和访问渠道。

用户可以通过关键词、作者、学校、领域等进行检索。EThOS平台提供学位论文的摘要、目录及全文预览等信息，帮助用户了解论文的内容和质量。如果论文已经开放获取，用户可以直接在平台上下载全文。对于没有开放访问的论文，EThOS通过合作的方式与各英国大学和机构合作，为用户提供访问权限。

BRITISH LIBRARY EThOS的首页界面如图 16-8 所示，在检索框中输入关键词就可以进行快速检索了。

图 16-8 BRITISH LIBRARY EThOS 的首页界面

　　输入关键词后，在检索框下方可以依次看到两个复选框：选中第一个复选框，将只搜索提供全文下载的论文；选中第二个复选框，一些受限的，或者处于封存期的论文也能找到；如果两个复选框都不选中，搜索到的就是系统收录的所有与关键词相关的博士论文了。BRITISH LIBRARY EThOS中半数以上的论文都是可以直接下载全文的。

　　例如，要在BRITISH LIBRARY EThOS中查询"数据挖掘"相关的博士论文，具体操作步骤如下。

步骤① 打开浏览器，❶通过搜索进入BRITISH LIBRARY EThOS的首页界面；❷在检索框中输入关键词"Data Mining"；❸单击"SEARCH"按钮，如图 16-9 所示。

图 16-9　设置搜索条件

步骤② 进入搜索结果界面，在搜索结果列表中会显示每篇博士论文的题目、作者、学位授予单位、学位授予时间。如果标题后面像锁一样的图标呈绿色打开状，表示能获取全文；如果呈未开锁状，则表示系统没有提供全文下载链接。这里单击一个可以下载全文的标题超级链接，如图 16-10 所示。

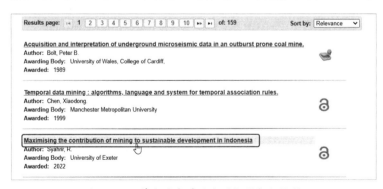

图 16-10　单击要查看论文的标题超级链接

步骤 ③ 进入这篇论文的详情页面，在其中查看更详细的题录信息。注意，"Availability of Full Text"栏提供全文获取链接，大部分检索结果可以直接下载全文，也有指向原机构下载页面的链接。这里显示的第一个超级链接是BRITISH LIBRARY EThOS系统提供的，显示"Full text unavailable from EThOS. Please try the link below."，说明BRITISH LIBRARY EThOS无法提供全文。所以，单击第二个来自这篇论文原机构下载页面的超级链接，如图16-11所示。

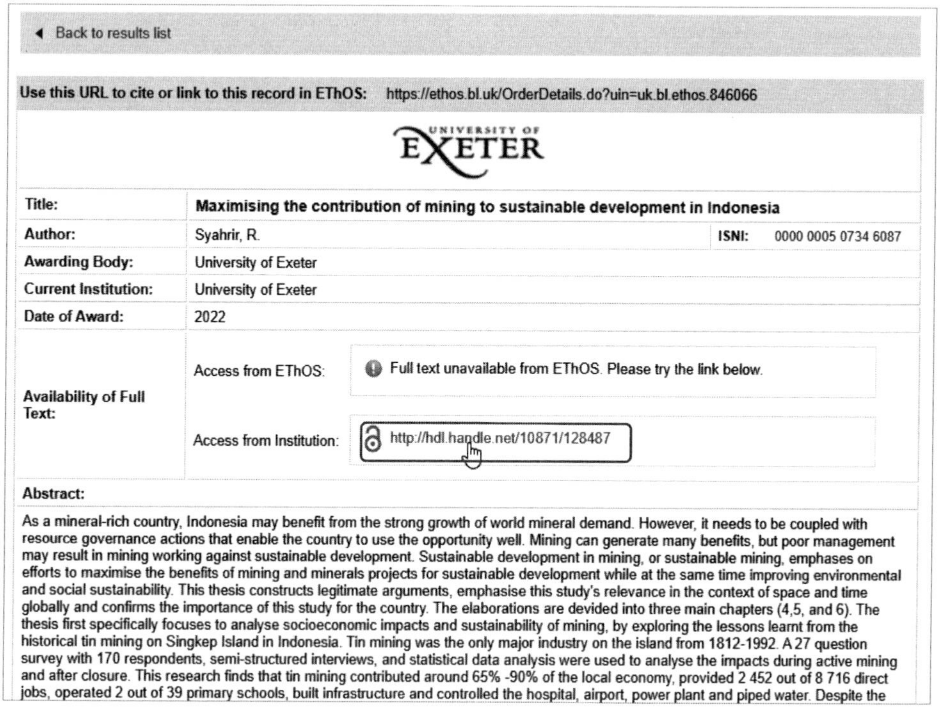

◀ Back to results list			
Use this URL to cite or link to this record in EThOS:	https://ethos.bl.uk/OrderDetails.do?uin=uk.bl.ethos.846066		

UNIVERSITY OF
EXETER

Title:	Maximising the contribution of mining to sustainable development in Indonesia		
Author:	Syahrir, R.	ISNI:	0000 0005 0734 6087
Awarding Body:	University of Exeter		
Current Institution:	University of Exeter		
Date of Award:	2022		
Availability of Full Text:	Access from EThOS:	ⓘ Full text unavailable from EThOS. Please try the link below.	
	Access from Institution:	http://hdl.handle.net/10871/128487	

Abstract:

As a mineral-rich country, Indonesia may benefit from the strong growth of world mineral demand. However, it needs to be coupled with resource governance actions that enable the country to use the opportunity well. Mining can generate many benefits, but poor management may result in mining working against sustainable development. Sustainable development in mining, or sustainable mining, emphases on efforts to maximise the benefits of mining and minerals projects for sustainable development while at the same time improving environmental and social sustainability. This thesis constructs legitimate arguments, emphasise this study's relevance in the context of space and time globally and confirms the importance of this study for the country. The elaborations are devided into three main chapters (4,5, and 6). The thesis first specifically focuses to analyse socioeconomic impacts and sustainability of mining, by exploring the lessons learnt from the historical tin mining on Singkep Island in Indonesia. Tin mining was the only major industry on the island from 1812-1992. A 27 question survey with 170 respondents, semi-structured interviews, and statistical data analysis were used to analyse the impacts during active mining and after closure. This research finds that tin mining contributed around 65% -90% of the local economy, provided 2 452 out of 8 716 direct jobs, operated 2 out of 39 primary schools, built infrastructure and controlled the hospital, airport, power plant and piped water. Despite the

图 16-11　单击下载全文超级链接

> **Tips** BRITISH LIBRARY EThOS可以快速检索，也有高级检索功能。使用BRITISH LIBRARY EThOS下载博士论文需要注册登录，注册登录完全免费，操作也很简单，登录后直接单击"Download"按钮即可。如果要通过超级链接跳转到学位论文的原机构进行查看和下载，则不同的机构操作会有所不同，需要在具体实践过程中去摸索操作步骤。

步骤 ④ 跳转到提供该学位论文的原机构数据库，单击"View full metadata"（查看完整元数据）按钮，如图16-12所示。

图 16-12　单击 "View full metadata" 按钮

步骤 5 页面显示该论文的更多题录信息，在页面右下角单击 "View/Open" 超级链接，如图 16-13 所示。

dc.type	Thesis or dissertation		en_GB
dc.date.available	2022-01-20T09:03:18Z		
dc.contributor.advisor	Wall, Frances		
dc.contributor.advisor	Jeffrey, Kip		
dc.contributor.advisor	Diallo, Penda		
dc.publisher.department	Mining and Minerals Engineering		
dc.rights.uri	http://www.rioxx.net/licenses/all-rights-reserved		en_GB
dc.type.degreetitle	Doctor of Philosophy in Mining and Minerals Engineering		
dc.type.qualificationlevel	Doctoral		
dc.type.qualificationname	Doctoral Thesis		
rioxxterms.version	NA		en_GB
rioxxterms.licenseref.startdate	2022-01-24		
rioxxterms.type	Thesis		en_GB
refterms.dateFOA	2022-01-20T09:03.20Z		

Files in this item

Name: SyahrirR_Thesis.pdf
Size: 7.153Mb
Format: PDF

View/Open

图 16-13　单击 "View/Open" 超级链接

步骤 6 进入新的界面，显示论文内容的 PDF 版本，查看论文内容后如果需要下载，可以将鼠标光标移动到 PDF 页面上方悬停，待显示工具栏，单击 "下载"

按钮进行下载，如图 16-14 所示。

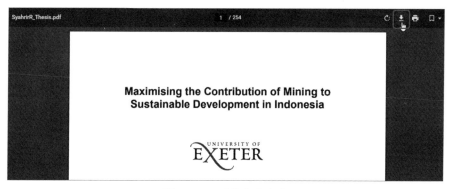

图 16-14　下载全文内容

同步训练 **在 BRITISH LIBRARY EThOS 中查询"区块链"相关的博士论文**

操作提示：

❶ 进入 BRITISH LIBRARY EThOS 的首页界面；

❷ 以 "Blockchain" 为关键词进行搜索；

❸ 在搜索结果界面单击想要查看的论文标题超级链接；

❹ 进入这篇论文的详情页面，在其中查看更详细的题录信息。单击全文获取链接，根据提示下载全文。

16.4　DART-Europe E-theses Portal：欧洲学位论文，免费获取

　　DART-Europe E-theses Portal 是欧洲多个图书馆参与的一个合作组织，有点联盟的性质，目的是方便大家获取欧洲的研究论文，通过一个网站，对外提供欧洲学位论文的免费检索、下载服务。该平台收录了来自欧洲各国的学位论文，并提供统一的检索接口和访问渠道。

　　DART-Europe E-theses Portal 的首页界面如图 16-15 所示，该平台的检索很简单，没有高级检索，也不支持语法，只有一个检索框，在检索框中输入需要搜索的内容进行搜索即可。搜索结果中会显示每条检索结果的标题、作者、时间、学校等信息。结果左边有筛选区，可以按照国家、年份、作者姓氏、所在专辑、大学、

语言等字段进行筛选。单击需要查看的论文标题超级链接就可以看到该学位论文的详细信息，下面如果提供有超级链接（一般以.pdf为后缀），单击即可将全文下载到本地计算机了。

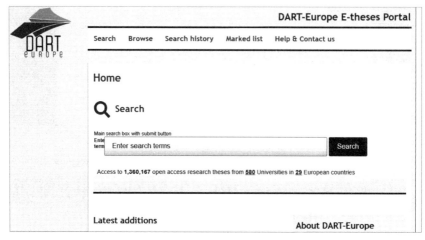

图 16-15　DART-Europe E-theses Portal首页界面

　　DART-Europe E-theses Portal的首页有一个菜单，选择"Browse"命令，将进入导航页面，该页面提供大学、专辑、国家、年份四个导航字段。选择"University"选项，可以看到大学列表，每个大学后面都有一个数字，这个数字表示目前系统中收录的该校学位论文数量。

　　通过DART-Europe E-theses Portal，用户可以了解论文的作者、导师、学位授予机构等信息，以便更好地了解论文的背景和学术来源。此外，该平台还提供一些有关学位论文的统计数据和趋势分析，使用户能够对欧洲学术界的发展有更全面的了解。

同步训练 通过 DART-Europe E-theses Portal 查询 "慕课"相关的学位论文

操作提示：

❶ 进入DART-Europe E-theses Portal的首页界面；

❷ 以"MOOC"为关键词进行搜索；

❸ 在搜索结果页面单击想要查看的学位论文标题超级链接；

❹ 查看论文的详细信息，单击超级链接下载该论文的全文内容到计算机。

本章小结

本章介绍了学位论文免费获取的多个平台，如果要搜索中文学位论文，可以用CNKI、万方；如果要搜索外文学位论文，可以用MIT Theses、BRITISH LIBRARY EThOS及DART-Europe E-theses Portal等。这些平台为研究人员提供便捷的途径来获取各类学位论文，拓宽了他们的参考资源范围。通过利用这些平台，研究人员可以更加轻松地获取并使用学位论文资源，让自己的研究获得更多支持和参考。这些平台不仅提供大量的学位论文资源，还提供便捷的搜索和筛选功能，使用户可以根据自己的需求和兴趣找到最合适的学位论文。

第 17 章

科研项目查询系统：不仅权威，而且免费

在科研工作中，了解和查询科研项目的情况是提升研究能力和促进学术交流的重要途径。本章将重点介绍科研项目查询系统，其中包括社科项目查询和自然科学项目查询两个主要方面。

希望本章的内容能够帮助你了解科研项目查询系统的重要性，并为查找和获取科研项目提供有价值的资源和途径。通过合理利用这些查询系统，研究人员可以更加便捷地了解和参与国家级科研项目，为自己的学术研究增添更多的亮点和权威性。

17.1 社科项目查询：国家社科项目数据库

小李是一位热爱社会科学研究的大学生，他正在准备一份研究报告。为了让报告更加符合需求，他想查询近年来学校参与的国家社科立项信息，以获取相关研究项目的背景和研究成果，但是通过百度搜索到的国家社科立项信息来源有很多，内容也很杂，其真实性、准确性、完整性，不太好确定，另外获取的数据也不太容易处理。

通过多方途径后找到我，我建议他使用国家社科基金项目数据库查询。社科项目查询是帮助研究人员了解国家社科项目情况的重要途径之一。国家社科项目数据库是一个集成各类社科项目信息的平台，可以为研究人员提供便捷的查询和获取社科项目的途径。

在国家社科项目数据库中，用户可以通过关键词、项目名称、负责人等信息进行查询。通过该数据库，研究人员可以了解各个社科项目的基本信息，如项目名称、研究内容、负责人单位等。此外，该数据库还提供项目进展、成果产出等详细信息，帮助用户更全面地了解项目的研究成果和影响。

通过国家社科项目查询系统，研究人员可以了解当前国家社科项目的研究动态，获取相关的研究资源，为自己的研究提供更多的参考和支持。

利用国家社科项目数据库查询 2021 年清华大学国家社科重大项目的立项情况，

具体操作步骤如下。

步骤 ① 打开浏览器，❶通过搜索进入国家社科基金项目数据库的首页界面；❷在页面左侧的"立项查询"栏中设置项目类别为"重大项目"，立项时间为"2021"年，工作单位为"清华大学"；❸单击"搜索"按钮，如图17-1所示。

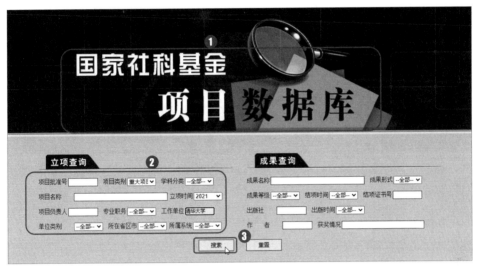

图 17-1 设置搜索条件

> **Tips**　国家社科的主办单位是全国哲学社会科学工作办公室，我们进入国家社科的官网，单击"项目查询"超级链接，也可以进入国家社科基金项目数据库。
> 　　在"成果查询"栏中可以根据项目的名称、成果形式、成果等级、结项时间、结项证书号、出版社、出版时间、作者等进行搜索。

步骤 ② 在界面下方显示搜索到的结果，每条结果都包含项目批准号、项目类别、项目名称、立项时间、项目负责人等信息，如图17-2所示。

	项目批准号	项目类别	学科分类	项目名称	立项时间	项目负责人	专业职务
❶	21&ZD306	重大项目		以定县简为代表的极端性状竹书的整理及其方法研	2021-12-06	贾连翔	
❷	21&ZD281	重大项目		美国族裔文学中的文化共同体思想研究	2021-12-06	生安锋	
❸	21&ZD196	重大项目		互联网平台的社会影响与治理路径研究	2021-12-06	王勇	
❹	21&ZD167	重大项目		新时代下国际领导力研究	2021-12-06	阎学通	
❺	21&ZD104	重大项目		自然资源高效利用与经济安全和高质量发展机制研	2021-12-06	朱俊明	
❻	21&ZD057	重大项目		构建人类卫生健康共同体的伦理路径研究	2021-12-06	肖巍	
❼							

图 17-2 查看搜索结果

同步训练 通过国家社科基金项目数据库查询社会经济发展方面的立项信息

操作提示：

❶ 进入国家社科基金项目数据库的首页界面；

❷ 在"成果查询"栏中以"城市化"和"经济发展"为关键词进行搜索；

❸ 找到与自己研究课题相关的立项项目，进一步查阅相关研究的摘要和关键词。

17.2 自然科学项目查询：国家自然科学基金大数据知识管理服务门户

国家自然科学基金项目信息查询是帮助研究人员了解国家自然科学基金项目情况的重要途径之一。国家自然科学基金大数据知识管理服务门户，是国家自然科学基金委员会旗下的一个集成各类国家自然科学基金项目信息的平台，可以为研究人员提供便捷的查询和获取自然科学项目的途径。

在该知识管理服务门户中，用户可以根据项目编号、项目名称、负责人等信息进行查询。平台提供详细的项目信息，包括项目的基本信息、研究目标、研究进展等。用户可以通过浏览项目的摘要、成果和相关文献，了解项目的研究内容和成果产出。

国家自然科学基金大数据知识管理服务门户还提供一些辅助功能，如专家评审、学科分类、知识图谱等。用户可以通过这些功能进一步了解项目的评审过程、研究领域的分类及项目之间的关联性。

通过自然科学项目查询系统，研究人员可以了解国家自然科学基金项目的动态信息，掌握前沿领域的研究动向，寻找合适的合作伙伴，为自己的研究提供更多的资源和支持。

例如，要查询 2022 年资助的人工智能方面的重点项目，具体操作步骤如下。

步骤 ① 打开浏览器，❶通过搜索进入国家自然科学基金大数据知识管理服务门户网站的首页界面；❷选择"信息检索"菜单项；❸在页面下方默认显示的是"结题项目"选项卡，单击"高级检索"超级链接，如图 17-3 所示。

图 17-3　单击"高级检索"超级链接

　　在结题项目的查询界面中，可以在检索框中输入关键词、姓名、依托单位等信息进行查询，也可以在这个检索框中进行组合检索。如果检索条件比较复杂，可以单击后面的"高级检索"超级链接。

步骤② 进入高级检索界面，❶根据需求设置检索条件，这里有 9 个检索框，带星号的三个是必填项目。这里我们设置结题年度为"2022"年，资助类别为"重点项目"，申请代码选择"F06 人工智能"选项；❷单击"检索"按钮，如图 17-4 所示。

图 17-4　设置检索条件

　　在"信息检索"菜单项页面下方单击"项目公布"选项卡，会进入立项信息查询界面，在其中可以输入项目负责人、依托单位、批准年度信息进行查询验证。在下方的

> 查询结果中，除了输入的查询条件内容外，还会显示项目的名称、资助经费等信息。

步骤③ 显示搜索结果，注意每一项结果后面都显示两个图标，一个是"结题报告"图标，另一个是"科研成果"图标。单击感兴趣的搜索结果后面的"结题报告"图标，如图 17-5 所示。

图 17-5　单击"结题报告"图标

步骤④ 进入该项目的详情页面，并跳转到"结题报告"对应的部分，单击下方的"在线阅读"超级链接，如图 17-6 所示。

图 17-6　单击"在线阅读"超级链接

步骤 5 显示该报告的全文内容，如图 17-7 所示。

图 17-7 浏览报告全文

Tips 单击"科研成果"图标，也会进入该项目的详情页面，只是会跳转到"成果统计"对应的部分，可以看到科研成果的类型和对应数量，下面的成果产出给出了具体的成果列表，单击"标题"超级链接可以看到详细信息。

同步训练 查询我国 2022 年发表的自然科学面上项目

操作提示：

❶ 进入国家自然科学基金大数据知识管理服务门户网站的首页界面；

❷ 选择"信息检索"菜单项；

❸ 在页面下方单击"科研成果"选项卡；

❹ 单击"高级检索"超级链接；

❺ 在高级检索界面设置成果类型为"期刊论文"，年份为"2022"，资助类别为"面上项目"，单击"检索"按钮；

❻ 查看搜索到的结果，有些科研成果提供全文下载链接，单击即可获取全文。

本章小结

　　本章介绍了两个重要的科研项目查询平台：国家社科基金项目数据库和国家自然科学基金大数据知识管理服务门户。这两个平台为研究人员提供了免费、便捷的途径，帮助我们了解国家级社科和自然科学项目的最新动态和研究成果。研究人员可以通过这些平台查询并获取详细的项目信息和成果产出，同时也可以发现合适的合作伙伴，拓展科研网络，促进学术交流和合作。

第5篇 方法技术篇

在信息时代，仅仅依靠简单的关键词搜索已经远远不够用。我们需要不断学习和掌握搜索引擎的高级玩法，以发挥其最大的潜力。通过了解自然语言处理、机器学习和人工智能等先进技术，我们可以提升搜索的准确性和个性化，精确捕捉用户意图，并获得更精准、有针对性的搜索结果。

同时，高效下载技术也成为我们日常生活中不可或缺的一部分。在大数据时代，快速获取各种类型的文件和资源对工作和学习至关重要。

另外，我们还要学会使用学术数据库的检索技术。学术界对于检索准确、全面的学术文献和研究成果非常重视。

最后，我们将介绍 ChatGPT。ChatGPT 作为一种创新的搜索技术，具备人工智能对话模型的能力，不仅能理解用户的问题，还能针对性地回答和交流。ChatGPT 能够模拟人类对话，并以智能问答的形式提供信息和问题解决方案。这种交互式的搜索方式使我们与搜索引擎之间的互动更加自然和便捷，为我们的搜索体验带来了更高的便利性和个性化。

搜索的方法与技术是在不断演变和创新的，本篇的内容将帮助你了解和掌握最新的搜索技术及其应用。无论是在学术研究、工作还是日常生活中，搜索的能力和效率都是非常宝贵的。让我们一起踏上这个精彩的搜索之旅，让无处不在的信息为我们所用。

第 18 章

搜索技巧：搜索引擎的高级玩法

搜索引擎是我们日常生活和学术研究中必不可少的工具，但是大多数人只使用搜索引擎的基本功能进行简单的关键词搜索。然而，这样操作时难以避免搜索结果出现各种广告，或者相关性低及搜索不到的情况。其实，搜索引擎还有许多高级玩法可以帮助我们更准确地获取所需的信息。本章将介绍搜索引擎的一些高级玩法，重点分享搜索语法，以及比语法更实用的填空式高级搜索界面，帮助读者更加高效地利用搜索引擎。

18.1 site语法：站内搜索

在使用搜索引擎进行信息搜索时，有时我们需要将搜索结果限定在特定的网站或领域。而site语法就是一个有用的工具，可以帮助我们实现更精确的站内搜索。当我们想要深入了解某个特定网站的内容时，可以使用site语法来限定搜索结果只在该网站中出现，避免搜索结果中无关的信息干扰。

在具体讲解前，我们先来看一个案例。有一次，我想了解北京大学信息素养教育的开展情况。于是打开北京大学的官网，输入"信息素养"进行站内搜索，如图 18-1 所示。

图 18-1 搜索北京大学网站的"信息素养"

结果出现的搜索结果如图 18-2 所示，页面已经切换到 Microsoft Bing 下的搜索结果了，好像并不是在北大网站内进行搜索。但仔细看这些搜索结果，标题中都包含"信息素养"这个关键词。网址中也都有 pku.edu.cn，很明显，这些结果都来自北大网站。没错，这正是我想要的结果。

再看搜索框中的信息，我们在北大官网的搜索框中输入的关键词是"信息素养"，而系统自动在微软必应的搜索框中生成了一个表达式——"信息素养 site:pku.edu.cn"，其中，"信息素养"是我们输入的关键词，"pku.edu.cn"是北大的域名，"site"是搜索引擎的语法。这个表达式让北大官网通过微软必应实现了自己的站内搜索。

由此可见，有了 site 语法，网站是否提供站内搜索已经不重要了，我们可以在搜索引擎中实现对任何一个网站的站内搜索。

图 18-2　搜索结果

site 语法的通用格式，可以这样表达：

关键词 + 空格 + site + 冒号 + 网站域名

要使用 site 语法，我们只需要在搜索关键词之前使用 "site:" 关键词，后接需要限定的网站域名。例如，搜索 "site:wikipedia.org 太阳能"，将只在维基百科网站搜索关于太阳能的相关内容。当然，关键词也可以放到 site 语法的后面。

必应、搜狗、百度、360 这些搜索引擎都支持 site 语法，具体规则大同小异。图 18-3 所示的是在百度中使用 site 语法的效果。

图 18-3　在百度中使用 site 语法进行搜索

使用 site 语法时，我们也可以结合其他关键词和运算符，进一步细化搜索条件。例如，我们可以组合使用 site 语法和其他关键词来搜索特定网站的特定内容，如"site:wikipedia.org 太阳能 - 定义"，将在维基百科上搜索关于太阳能的内容，但不包括定义相关的信息。

> Tips　使用 site 语法时，在 site 的后面输入半角冒号，冒号后面是指定网站的域名，不要输入"www"，也不要输入"https://"。site 语法与其他搜索条件中间要用空格隔开。

同步训练 ▶ 对比网站自带的站内搜索和使用 site 语法的搜索结果

操作提示:

❶ 进入四川师范大学官网的首页界面;

❷ 以"信息素养"为关键词进行站内搜索;

❸ 进入 360 搜索的首页界面;

❹ 以"信息素养 site:sicnu.edu.cn"为关键词进行搜索;

❺ 查看对比两种方式搜索到的信息条数和最近一条信息的发布时间。

> **Tips** 很多网站虽然有站内搜索功能，但是搜索质量不能保证，很难与专业的搜索引擎相提并论。所以学会site语法随时随地进行限定网站的搜索，这种限定搜索范围的方式可以提高搜索的准确性和效率，让我们更快地找到目标网站中的所需信息。

18.2 filetype语法：专搜文档

如果我们需要专门搜索某种类型的文档（如PDF、PPT或Word文档），filetype语法就能派上用场。通过在搜索关键词后加上"filetype:文件类型"，我们可以限定搜索结果只包含特定文件类型的文档资源。这样，我们无须浪费时间在无关的网页中寻找，直接获取所需的文档资源。

filetype语法的通用格式，可以这样表达：

关键词+空格+filetype+冒号+文件格式

> **Tips** 尽管在有些搜索引擎中，filetype和文件格式之间的冒号可以是全角，也可以是半角，但谨慎起见，这个冒号最好是半角冒号。

有一次，我需要准备一场关于经济学的讲座。虽然我对这方面的知识掌握得不错，但整理相关知识点做成课件，这个过程非常耗时且费力，而且我也不能保证自己做得比其他人好。因此，我打开搜索引擎，并输入"经济学 filetype:ppt"。经过一番搜索，我找到了许多与经济学相关的PPT，如图18-4所示。我下载了几个并将它们进行了整合，然后再加入一些我自己的内容。幸运的是，通过这种方法，我很快就完成了课件的制作。

图 18-4　在百度中使用 filetype 语法进行搜索

> Tips 大部分搜索引擎支持filetype语法，在百度中用filetype语法时，结果大多来自百度文库，如果你不想看到来自百度文库的结果，可以换个搜索引擎，比如用搜狗。

同步训练 尝试使用 filetype 语法搜索不同类型的文件

操作提示：

❶ 进入不同的搜索引擎首页界面；

❷ 使用filetype语法尝试搜索DOC、XLS、PPT、RTF、PDF、TXT、SWF、KMZ、KML、PSD、DEF等格式的资源，看看在不同的搜索引擎中哪些文件类型可以搜索到结果。

> Tips 输入"filetype:ppt"时，实际上就是明确告诉搜索引擎，我只要PPT文件，其他的内容一概不要。filetype语法支持指定DOC、XLS、PPT、RTF、PDF这五种类型的文件，GIF和MP4格式一般是不支持的。

18.3　inurl语法：把关键词限定在网址中

有时候，我们希望将关键词限定在网址中，以便更精确地搜索特定网站或特定类型的页面。通过在搜索关键词前加上"inurl:关键词"，我们可以使搜索引擎将关键词出现在URL中的网页呈现在搜索结果中。这样一来，我们可以更准确地定位所需信息，提高搜索效率。

inurl语法的通用格式，可以这样表达：

关键词+空格+inurl+冒号+需要限定的网址

我们都知道，知乎上的内容质量参差不齐，但是知乎收藏夹中的内容相对来说要好一些，毕竟经过了他人的筛选。如果你对绘画感兴趣，而在知乎上很多知友创建了与此相关的收藏夹，那么你如何才能找到与绘画相关的收藏夹呢？

知乎自带的搜索功能并不支持这个功能，微信搜索知乎也不行。不过，我们还是有办法的。你可以使用"inurl"这个语法。在百度中输入"绘画 inurl:zhihu.com/collection"进行搜索就可以了，如图 18-5 所示。这句话的意思是，要求搜索结果中必须包含"绘画"这两个字，并且网址中必须包含"zhihu.com/collection"这个地址部分。这个地址部分其实就是知乎中收藏夹的链接地址。

如果你觉得上面的例子不太好理解，我们再举一个更简单的例子，假设要搜索PPT的技巧。在百度中输入"PPT inurl:jiqiao"进行搜索后，你会发现每一个搜索结果的网址中都包含"jiqiao"这个拼音，而内容都与PPT技巧有关。

你可能会好奇，为什么网址中出现"jiqiao"这个拼音，网页的内容就与技巧相关呢？这需要从网址的结构说起。一

图 18-5　在百度中使用 inurl 语法进行搜索

个网址由三部分组成，最前面的是网站域名，最后一段是网页文件名，中间的部分是网页文件在服务器上的存储路径，也就是网页所在文件的名称。

当我们限制"jiqiao"这个拼音必须出现在网址中时，它要么出现在网站域名中，要么出现在存储路径中，要么出现在网页文件名中。不管它出现在这三部分中的哪一部分，这个网页与技巧的相关性都会大大增强。

> **Tips**　在百度、360 搜索中可以使用 inrul 语法，把关键词出现的位置限定在网址中，可以缩小搜索结果的范围，提升查准率，但并不是每个搜索引擎都支持 inurl 语法。

同步训练　使用 inurl 语法搜索司法考试历年真题

操作提示：

❶ 进入百度的首页界面；

❷ 输入"司法考试 inurl:zhenti"进行搜索；

❸ 查看搜索结果并任意打开一个搜索结果中的网页链接，查看网址中是否出现"zhenti"。

> **Tips**　与 inurl 类似的还有一个语法——intitle，通过在搜索关键词前加上"intitle: 关键词"，可以将关键词限定在标题中进行搜索。这样一来，搜索引擎将只返回包含关键词在标题中出现的网页，帮助我们更快速地找到与关键词相关的信息。不过现在搜索引擎做得越来越好了，即使不用这个语法，搜索引擎也会尽可能把标题中含有这个关键词的内容排在结果的前面。

此外，在搜索引擎中为搜索词加上双引号，可以告诉搜索引擎不能拆分搜索词。如果在两个搜索词中间加上竖线，实现的是"或"功能，也就是两个词只要出现一个即可。如果在两个搜索词中间加上空格，表示两个关键词都必须出现。空格不仅可以连接搜索词，还可以连接搜索条件。在搜索关键词中使用减号"-"，可以从搜索结果中排除包含特定关键词的网页，从而提高搜索效果。

18.4 搜索引擎的高级搜索界面：不用语法，胜似语法

尽管上述语法可以帮助我们更精确地进行搜索，但规则严格，少一个空格效果完全不同。对于一些不熟悉或不习惯使用语法的用户来说可能会感到困惑。幸运的是，大部分搜索引擎都提供一个高级搜索界面，在该界面中可以用填空和选择的方式实现高级搜索。

在百度的首页界面或搜索结果页面的右上角，❶选择"设置"命令；❷在弹出的下拉菜单中选择"高级搜索"命令，如图 18-6 所示。即可打开高级搜索对话框，如图 18-7 所示。

图 18-6　选择"高级搜索"命令

图 18-7　"高级搜索"对话框

搜狗、360搜索都可以通过这种方式打开高级搜索对话框，此外，还可以直接在搜索框中输入"高级搜索"来搜索，在搜索结果中会出现各搜索引擎的高级搜索项，而且排位比较靠前。

不同的搜索引擎，其高级搜索中提供的设置会有所不同，例如百度的高级搜索界面可以限制搜索结果的来源网站、限制搜索结果的文件格式、把关键词出现的位置限制在标题中。搜狗的高级搜索界面也可以实现这3种限制，如图18-8所示。但360的高级搜索界面就不能把关键词出现的位置限制在标题中了，如图18-9所示。

图 18-8　搜狗的高级搜索界面　　　　　图 18-9　360的高级搜索界面

例如，要在北京大学网站中搜索"信息素养"，可以直接在高级搜索界面进行设置，下面以在百度搜索引擎的高级搜索界面设置为例进行讲解。只需要❶在"搜索结果"栏的"包含全部关键词"文本框中输入"信息素养"；❷在"站内搜索"文本框中输入北京大学的域名"pku.edu.cn"即可，如图18-10所示。

图 18-10　设置高级搜索条件

单击"高级搜索"按钮后，在搜索结果中可以看到都包含"信息素养"，而且这些结果全部来自北京大学的网站，如图18-11所示。

图 18-11　查看高级搜索结果

同步训练 通过设置高级搜索界面选项学习搜索语法

操作提示：

❶ 进入百度的高级搜索界面；

❷ 设置不同的高级搜索选项；

❸ 查看搜索结果中出现的搜索语法，并根据设置的选项来理解这些语法的编写结构和作用。

本章小结

　　本章介绍了搜索引擎的高级玩法，包括site语法、filetype语法、inurl语法。这些高级语法可以帮助用户更准确地进行搜索，缩小搜索范围，获得所需的信息。同时，本章还介绍了搜索引擎的高级搜索界面和使用方法，使用户能够更方便地进行高级搜索，无须记忆烦琐的语法。通过灵活利用搜索引擎的高级玩法，用户可以更快速、更准确地获取所需的信息。

第 19 章

下载技巧：实用高效的信息获取技术

前面我们介绍了各种资源的搜索方法，以及搜索技巧，实际上有些搜索后面还有一个操作——下载。

有些时候辛辛苦苦搜索到的资源却下载不了，这种情况，估计你也遇到过。在这一章中，我们将深入探讨高效下载技术，为大家介绍一些实用的方法和工具，帮助大家更快速、便捷地获取文本、图片等网络资源。另外还将介绍利用迅雷进行批量下载，帮助大家快速获取多个文件。

无论是工作中还是日常生活中，高效下载技术都是非常有用的。通过合理利用本章介绍的方法和工具，你将能够更有效地处理各类下载问题，提高工作效率和获取所需资源的速度。接下来，让我们开始深入探索高效下载技术吧！

19.1 受限文本复制：N种招数，你喜欢哪一种？

下载文本的常规方法是选定需要复制的文本或按“Ctrl+A”组合键全选文本，然后按“Ctrl+C”组合键进行复制，再按“Ctrl+V”组合键进行粘贴。但有时候，我们在浏览网页或其他文档时会遇到受限制的文本复制，导致无法直接复制所需内容。

> Tips 通过“Ctrl+V”组合键进行粘贴时，会将复制的所有内容进行粘贴，包括复制的图片、格式等内容。如果仅需要复制网页中的文字内容，可以在复制内容后，单击Word中的“粘贴”下拉按钮，在弹出的下拉列表中选择“只保留文本”选项，这样粘贴后的内容将只保留文本，其他的内容都被忽略了。

遇到这种问题怎么办，接下来就介绍几招，帮助你绕过限制，实现受限文本的下载。

1. 截图后识别文字

我们先来了解一种比较实在的方法，也是一种比较烦琐的处理办法——截图识别。当其他方法都不能用的时候，这种方法肯定可以用。

首先对看到的网页文字进行截图，另存为一个图片文件，然后用文字识别工具进行识别。

文字识别工具多种多样，既有计算机上的软件，也有手机上的应用，还有微信中的小程序，搜索"OCR"，应该能找到很多。有些手机自带识别功能，不过我更喜欢用在线的文字识别系统。这种在线OCR系统不需要安装软件，通过搜索引擎找一个在线文字识别的网站，打开网站后根据提示上传一张含有文字的图片，选择输出格式为DOCX，然后点击开始上传，一会儿系统就会把识别的结果以文档的方式反馈回来。我经常用的是迅捷，基础功能免费，效果还不错，偶尔有些识别错误，有在线版，也有软件安装版。

如果是在手机上操作，也可以直接使用微信提供的截图识别功能。只要在微信中打开图片，然后单击右下角显示的三个点样式的"设置"按钮，在弹出的界面中选择"提取文字"选项即可，稍后就会显示出系统自动识别出来的文字，我们直接可以全选复制使用。

2. 网页源文件删除脚本

网页文本无法复制的原因有很多，其中部分是因为某些网站通过脚本对网页的复制进行了限制。如果我们能找到并删除这个脚本，就可以复制了。

删除脚本中限制复制的语句，具体操作步骤如下。

步骤① 打开禁止复制的网页，❶在页面上右击；❷在弹出的快捷菜单中选择"查看源代码"命令，如图19-1所示。

图19-1　选择"查看源代码"命令

步骤② 此时进入网页的源代码界面，脚本就隐藏其中，如图19-2所示。这个脚本虽然无法修改，但是可以复制。但由于文本前后有大量HTML的tag，如果把需要的文本一句句挑出来，工作量太大。

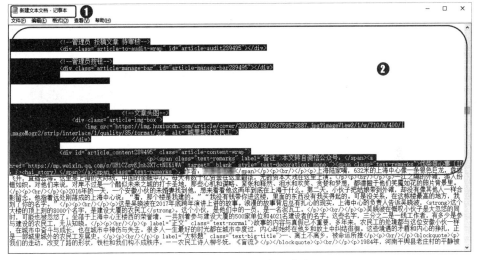

图 19-2　查看源代码

步骤 3 ❶新建一个空白记事本文件，复制源代码内容到记事本文件中；❷控制文本复制的脚本一般放在网页源文件的前面部分，将它们删除，如图 19-3 所示，形成一个残缺不全的脚本。

图 19-3　删除限制复制脚本

> **Tips** 脚本内容看不懂没关系，你要复制的中文内容你一定认识，把中文前面不认识的内容全部删除。

步骤 4 ❶将这个残缺不全的记事本文件另存为一个本地网页文件，在文件名后面强制加上"htm"或"html"的文件后缀；❷保存类型设置为"所有文件"，如图 19-4 所示。

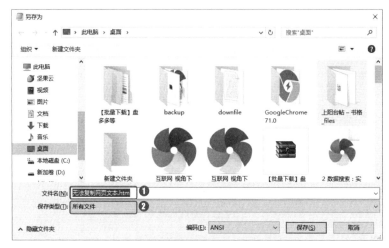

图 19-4　另存记事本文件

步骤⑤ 在计算机中找到刚刚保存到本地的网页文件图标，并双击打开，如图 19-5 所示。

步骤⑥ 打开这个本地网页文件，你就会发现原来无法复制的文本内容，现在可以复制了，如图 19-6 所示。

图 19-5　打开本地网页文件

图 19-6　可以复制的网页内容

3. 用"Ctrl+P"组合键

网页不能复制时，可以按"Ctrl+P"组合键试一试，因为打印时会调出打印预览界面。原文虽然不能复制，但在打印预览界面中的文本是可以复制的，如图 19-7 所示。

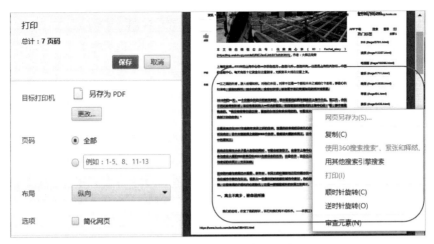

图 19-7　打印预览时复制文本

这一招虽然好用，但从打印预览中复制出来的内容，原来的格式就全部丢失了，只有纯文本。

> **Tips**　前面介绍的这 3 种方法虽然能解决问题，但在知识产权方面存在争议，通过这些手段破解别人的限制，在信息伦理上肯定存在一定问题。

4. 换个地方

优质的内容，往往会多处分发，也就是说，网络上的同样一篇文章可能存在于多个网站。这个网站的文本无法复制，并不代表其他网站的文本无法复制。如果能在其他网站找到同样的内容，问题也就解决了。所以，选择文章中有代表性的一句话，直接在搜索引擎中搜索，多数情况下都能找到多个结果。图 19-8 所示为我找到的同一个内容的可复制网页。这个方法很靠谱，还不用担心版权问题。

图 19-8　搜索相同内容的可复制版本

寻找复制受限文本的其他下载技巧

操作提示：

❶ 通过浏览寻找一篇复制受限的网页文本；

❷ 用前面介绍的方法逐个尝试获取文本内容；

❸ 查询其他受限文本的下载技巧，并尝试获取文本内容。

19.2　批量下载：试试迅雷

作为一款著名的下载工具，迅雷不仅可以下载单个文件，还提供强大的批量下载功能。迅雷的批量下载功能，就是一次性下载某个网页中的多个链接目标。

例如，我在网络上搜索到了一些财务报表分析的教案，我想将这些教案全部保存到计算机中以后慢慢看。一共有 16 节课的教案，如果在网页链接上右击，在弹出的快捷菜单中选择"使用迅雷下载"命令，则需要反复操作 16 次。

此时，若选择快捷菜单中的"使用迅雷下载全部链接"命令，如图 19-9 所示。然后在弹出的"新建下载任务"对话框中筛选一下文件格式，如图 19-10 所示，就可以把这个网页中指定格式的文件全部下载下来了。

图 19-9　使用迅雷批量下载内容　　　图 19-10　筛选要下载文件的格式

实际上，迅雷还有一种更便捷的批量下载方式，那就是使用通配符。不过，这个功能的位置比较隐蔽，需要进行探索才能找到。

让我们先来看一个例子。有一次，我找到了一个 PPT 文件的下载链接，下载后打开，内容就是第 7 章的课件，如图 19-11 所示。

图 19-11　下载的 PPT 文件首页效果

那么，除了第 7 章的课件，其他章节的课件是否也存在呢？实际上，我发现这个 PPT 的内容非常好，如果其他章节也有相应的 PPT，我很想全部下载下来。

于是，我思考了一下，这个文件名是 Ch07.ppt，表示第 7 章的课件。如果将"07"替换成"08"，是否就能得到第 8 章的课件呢？只有试一下才知道。于是，我将对应网址中的"07"替换成"08"，并将这个网址复制到浏览器的地址栏中，按"Enter"键后发现，第 8 章的 PPT 正在建立下载设置，如图 19-12 所示。下载后确实得到了第 8 章的 PPT。

图 19-12　建立新的下载设置

通过同样的方法，还可以下载其他章节的课件。但是，如果都这样手动下载，可能会感到乏味。尤其是当文件数量较多时，使用这种方法下载效率太低了。

那么，有没有更快捷的方法呢？当然有！迅雷下载支持使用通配符。例如，在上个案例中要批量下载所有的课件，具体操作步骤如下。

步骤① 打开迅雷，❶单击界面上方的"新建"按钮；❷在弹出的对话框中单击"添加链接或口令"右侧的下拉按钮；❸在弹出的下拉菜单中选择"添加批量任务"命令，如图 19-13 所示。

图 19-13　在迅雷中选择"添加批量任务"命令

步骤② 弹出"新建下载任务"对话框，在上方的列表框中列出了迅雷针对批量下载提供的帮助信息，❶根据帮助信息的提示，把刚才的文件下载链接复制到"通过 URL 过滤"文本框中，并将链接中的"07"修改为"(*)"；❷在下方选中第一个单选按钮，并设置"从 0 到 99，通配符长度为 2"；❸单击"确定"按钮，如图 19-14 所示。

> **Tips**
>
> 迅雷批量下载中的通配符是"*"，表示这是一个可变的字符，既可以替代 0—999 的数字，也能替代 a—z 的字符，而且字母区分大小写。在迅雷中使用通配符，要注意具体格式和长度，如果有必要，可以查看迅雷提供的帮助信息。
>
> 这里将"*"代表的可变字符的范围设置为"从 0 到 99"，通配符长度为"2"，表示"*"代表的是两位数，即从 0 到 9，会自动变成 01 到 09。或许你会问，为什么设置的范围是 99 而不是 60 或 70？其实，这只是我猜测的数字。因为我不知道这套 PPT 一共有多少个文件，所以先猜测了一个 100 的范围。
>
> 实际上，这套 PPT 并没有 100 个文件。后续可以看到，在下载队列中，从 Ch16.ppt 开始，迅雷就提示无法下载了。这说明，可以下载的 PPT 只有 01 到 15。

步骤③ 在新的对话框中可以看到，一次性生成了 100 个下载链接，从 00.ppt 到

99.ppt。设置下载位置后单击"立即下载"按钮，如图 19-15 所示。这 100
个下载任务就一次性添加到下载队列中了。

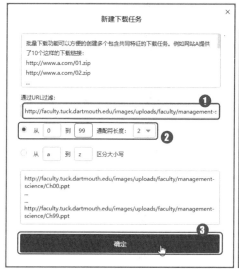

图 19-14　设置批量下载参数　　　　　图 19-15　单击"立即下载"按钮

同步训练　使用迅雷批量下载排位靠前的"数据分析"PPT

操作提示：

❶ 进入搜狗的首页界面；

❷ 输入"数据分析 filetype:ppt"进行搜索；

❸ 在搜索结果页面中的某个结果链接上右击，在弹出的快捷菜单中选择"使
用迅雷下载全部链接"命令；

❹ 在弹出的对话框中筛选 PPT 和 PPTX 格式的文件，确认后即可批量下载。

> **Tips** 下载工具不仅有迅雷，百度网盘也可以下载。无论是网页版还是客户端，百度网盘都有离线下载的功能，支持 HTTP、FTP、磁力链接等多种下载任务。找到资源地址或资源种子之后，输入下载界面，就可以等它慢慢下载了。

19.3　网页图片下载：从截图到批量下载

在浏览网页时，发现了想要保存的图片，我们通常会使用最常见的方法来下

载它。只需在图片上右击，然后在弹出的快捷菜单中选择"图片另存为"命令即可，如图 19-16 所示。

图 19-16　选择"图片另存为"命令

Tips　对于不能直接另存的网络图片，或者屏幕上不是图片但要作为图片保存的部分，可以使用屏幕截图。屏幕截图也比较常见，按键盘上的"PrintScreenSysRq"键，可以一键截取整个屏幕，再加一个"Alt"键，可以只截取当前活动窗口。QQ、TIM、微信等都有屏幕截图功能。需要提醒的是，截图之前最好把分辨率设置得高一点。

　　如果一个网页中有很多图片，我们希望一次性下载它们，可以使用保存整个网页的方法。例如，一个网友发布的游记网页包含近 100 张图片，使用保存网页的方法将这些图片保存下来的具体操作步骤如下。

步骤 ① 打开需要保存图片的游记网页，❶单击浏览器菜单栏中的"拓展"按钮☰；❷在弹出的下拉菜单中选择"保存网页(A)"命令，如图 19-17 所示。

图 19-17　选择"保存网页"命令

步骤 ② 打开"另存为"对话框，❶设置网页的保存位置；❷单击"保存"按钮，如图 19-18 所示。

图 19-18　设置网页保存参数

步骤 ③ 稍等片刻，就完成了保存。在刚刚指定的保存位置即可看到保存后的网页
文件和一个与网页文件同名的文件夹，如图 19-19 所示。打开这个文件夹，
会发现网页中的所有图片都在这里了，如图 19-20 所示。

图 19-19　查看保存的文件　　　　　图 19-20　保存的图片

　　使用这种方法批量下载网页中的图片，是不是很酷呢？这种方法会批量下载
网页中的所有图片。如果只想保存网页中的部分图片，或者在打开的多个网页中
有选择地下载多张图片，推荐使用浏览器插件，例如 Fatkun，它是一个能够批量
下载网页中图片的免费插件。

> **Tips**　浏览器插件，也被称为浏览器扩展，它们是一些小程序，可以在浏览器上实现特
> 定的功能。

　　还是以前面那个网页为例，安装和使用 Fatkun 的具体操作步骤如下。

步骤①　打开需要保存图片的游记网页，单击浏览器菜单栏中的"扩展中心"按钮 ▦，如图 19-21 所示。

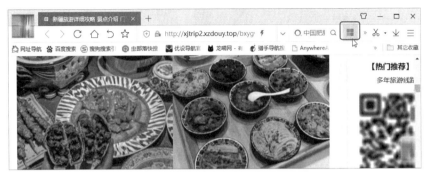

图 19-21　单击浏览器菜单栏中的"扩展中心"按钮

步骤②　打开"扩展中心"网页，❶在搜索栏中输入"Fatkun"进行搜索；❷单击搜索到的"Fatkun图片下载器"选项下的"安装"按钮，安装该插件，如图 19-22 所示。

图 19-22　安装Fatkun图片下载器插件

步骤③　弹出提示对话框，单击"添加"按钮，如图 19-23 所示。

图 19-23　添加插件

> **Tips**　安装Fatkun图片下载器插件后，在浏览器的右上角会显示Fatkun的图标，同时，在右键菜单中也会增加一个"批量下载"的选项，前面有Fatkun的图标。

步骤④ ❶在网页中的任意图片上右击；❷在弹出的快捷菜单中选择"批量下载"命令，如图 19-24 所示。

图 19-24 选择"批量下载"命令

步骤⑤ 浏览器会弹出一个界面，右上角显示这个网页中共有 21 张图片，目前已经全部选定，如图 19-25 所示。如果要全部下载，只需单击上方的"下载"按钮即可。

图 19-25 Fatkun 图片下载界面

> **Tips**
> 除了批量下载，Fatkun 图片下载器插件还可以批量导出链接，只需单击相应按钮即可。

步骤⑥ ❶在上方通过拖动滑块调整图片的宽度和高度可以筛选图片；❷设置满意后单击"下载"按钮，如图 19-26 所示。

图 19-26 设置要下载的图片参数

Tips Fatkun图片下载器插件还支持对图片进行批量重命名。在网页中，图片的命名通常比较混乱，有些甚至没有规律可言。而在Fatkun中，启用重命名功能后，用户可以对下载的图片进行批量重命名，比如按照数字顺序、日期等规则进行命名，使图片更加有序和易于管理。

同步训练 对比多种方式下载的图片数量和质量

操作提示：

❶ 任意搜索一个自己感兴趣的图片网页；

❷ 通过另存网页的方式下载图片；

❸ 安装Fatkun图片下载器插件下载图片；

❹ 对比查看哪种方式下载的图片数量和质量更符合自己的日常所需，方便后续使用。

Tips 还有一种便捷的方式来批量保存图片，让你轻松整理收藏。这种方法使用了一款名为"方片收集"的浏览器插件，它能够让你在浏览网页时，只需通过简单的鼠标拖动，即可收集你喜欢的图片。当你需要时，可以随时进行批量下载。这种方式不仅可以从多个网页中收集图片，而且还能跨越时间段，方便你整理和保存。

方片收集是一款支持多个主流浏览器的插件，它提供零存整取图片的功能，同时还有更多令人惊喜的功能等待你去发现。除了方片收集，还有类似的插件如花瓣采集，也可以满足你的需求。

 本章小结

在本章中，我们介绍了高效下载技术的几个方面，包括绕过受限文本复制的方法、利用迅雷进行批量下载及实现网页图片的批量下载。通过学习本章内容，读者可以学会利用这些技术更快速、便捷地获取所需的资源。高效下载技术在工作和日常生活中都是非常有用的，能够帮助提高工作效率和满足各类需求。

第 20 章

检索技术：聚焦学术数据库

本章我们将深入探讨学术数据库的检索技术，帮助你更有效地在学术领域查找和获取相关的文献和信息。学术数据库是学术研究不可或缺的重要工具，但如何高效地利用它进行检索是一门必须掌握的技巧。

在本章的第一节中，我们将解释什么是检索点和检索词，并提供实用的选择和应用方法。接下来的几节将分别介绍布尔检索、截词检索、匹配限制、词频限制和位置检索等技术的原理、应用和技巧。通过学习这些技术，你将能够更准确地获取所需的学术信息，提升学术研究的质量和效率。

20.1　检索点与检索词：学术检索的入门技术

检索词也就是我们常说的关键词，一般需要输入设置。而在前面的章节中讲解 CNKI 和万方数据时，我们提到过检索字段和检索点，其实它们是同一个内容的不同说法。常用的检索系统有哪些检索点，具体又有什么作用呢？

也许我们并没有留意检索点，也不清楚它的准确定义，但碰到的时候你肯定知道它的具体用法。下面以学术数据库中最常用的 CNKI 为例进行讲解。

在 CNKI 的首页界面中，检索框左侧的"主题"就是一个检索点，单击"主题"右侧的下拉按钮，在弹出的下拉菜单中可以看到 CNKI 首页这个检索入口提供的所有检索点，包括"主题""篇关摘""关键词""篇名""全文""作者"等十几个，如图 20-1 所示。

如图 20-2 所示，在 CNKI 的首页设置检索点为"篇名"，在检索框中输入一个词，比如"礼仪"，单击"搜索"按钮后就能找到篇名中包含"礼仪"这个关键词的文献。这里，"篇名"是检索点，"礼仪"是检索词，这样的检索条件，其实就是告诉 CNKI 查找篇名中包含"礼仪"的文献。

图 20-1　CNKI 的检索点

图 20-2　设置检索点和检索词

　　现在你应该明白检索点的作用了吧？检索点是根据文献的特征，在检索系统中提供的检索字段，用来限定检索词出现的位置。通过检索点与检索词的匹配，可以提升检索的效率和质量。

　　CNKI 首页的这个检索入口，是一个一站式的检索入口，可以找到多种类型的文献，属于综合检索，在检索框下方选中什么文献类型，搜索结果中就可能找到对应类型的文献。所以，这里提供的检索点，大多是一些通用的，如"作者""篇名"等。一些特殊的检索点，如"导师""会议名称""发明人"等与文献类型密切相关的检索点，需要在 CNKI 的具体子库中查找。

　　CNKI 首页的检索框下方提供常用文献类型，单击即可进入相应的子库。例如，单击检索框下方的"学术期刊"超级链接，进入 CNKI 的学术期刊库，如图 20-3 所示，这个子库提供的检索点，都是针对期刊论文的。

图 20-3　CNKI 的学术期刊库

又如，单击 CNKI 首页检索框下方的"学位论文"超级链接，可以进入 CNKI 的学位论文库，如图 20-4 所示。其中"导师""第一导师""学位授予单位"检索点只有学位论文库才有，其他类型的文献数据库中是没有的。因为，只有学位论文这种文献类型才会著录"导师""第一导师""学位授予单位"这些字段内容。

图 20-4　CNKI 的学位论文库

由此可见，在 CNKI 中，不同的子库提供的检索点是有区别的，同样的区别也体现在 CNKI 的高级检索中。在 CNKI 的高级检索界面，在最下方一排中选择不同的文献类型，上方的检索界面会发生变化，其中提供的检索点也不一样。如图 20-5 所示，是选择"会议"文献类型时的界面，上面提供"主题""作者""论文集名称"检索点。

如果把文献类型换成"年鉴"，其界面如图 20-6 所示，此时就可以设置"年鉴名称""条目类型""主编单位"等检索点。

图 20-5 "会议"文献类型的高级检索界面

图 20-6 "年鉴"文献类型的高级检索界面

> **Tips**　在 CNKI 的高级检索界面选择不同的文献类型时，我们看不到的检索点，同样会变化。在这里，具体文献类型的检索点，基本与对应子库的检索点是一致的。

同步训练 ▶ 探索 CNKI 的哪些子库中有"篇名"检索点

操作提示：

❶ 进入 CNKI 的首页界面；

❷ 通过单击检索框下方的文献类型的超级链接，进入不同的子库；

❸ 查看各子库提供的检索点，找到包含"篇名"检索点的子库名称。

20.2 布尔检索：善用交并补，检索更高效

在学术数据库中，布尔检索是一种常用的检索技术，它通过使用布尔运算符或其他方式来组合检索词，从而缩小或扩大搜索范围。布尔运算关系通常有这三种：并且、或者、非。

提到布尔检索，我们可以回忆一下高中学的集合。例如有两个集合，集合 A 和集合 B，如图 20-7 所示。两个集合重合的部分，就是集合 A 和集合 B 的交集，也就是既属于集合 A，又属于集合 B，这些内容是并且的关系，如图 20-8 所示。

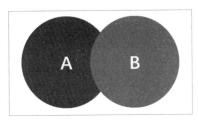

图 20-7 集合 A 和集合 B

图 20-8 两个集合的交集

这个逻辑同样适用于信息检索，例如，我要找篇名中既包括"地震"，又包括"图书馆"的文献，就可以用"交集"这种逻辑关系。假设，篇名中包括"地震"的文献为集合 A，篇名中包括"图书馆"的文献为集合 B，两者的交集，就是我们要找的文献。在 CNKI 中可以找到 79 篇，如图 20-9 所示。

图 20-9 查找篇名中既包括"地震"，又包括"图书馆"的文献

注意图 20-9 中所使用的检索表达式——"地震＊图书馆"（"＊"前后都有空格），这里的"＊"号是布尔检索运算符，表示"并且"关系。

如果把表达式中的"＊"换成"＋"，则表示求"或"关系，也就是求并集，上面列举的两个集合的并集效果如图 20-10 所示，只要满足是集合 A 或集合 B 中的一

个就是我们要的结果。

例如，输入"地震＋图书馆"，即表示篇名中只要出现"地震"或"图书馆"中的一个检索词，就是我们要查找的内容，在CNKI中找到了44.82万篇，如图20-11所示。

图 20-10　两个集合的并集效果　图 20-11　查找篇名中包括"地震"或"图书馆"的文献

在CNKI的检索框中，除了"*"和"+"，还可以用"-"，表示"非"关系，也就是排除指定的内容，求补集。"-"后面是什么，就是求什么的补集。上面列举的两个集合的补集效果如图20-12所示，表示属于集合A，但不属于集合B的部分。

例如，输入"地震-图书馆"，即表示篇名中必须出现"地震"，但不能出现"图书馆"，在CNKI中找到了14.29万篇，如图20-13所示。

图 20-12　两个集合的补集效果　图 20-13　查找篇名中包含"地震"
但不包含"图书馆"的文献

同一个检索点下，可以使用"*""+""-"实现布尔检索；不同的检索点下，同样可以实现布尔检索。在CNKI中设置多个检索点，可以在高级检索界面完成。

例如，我要对题名为"水稻"，导师为"袁隆平"的学位论文实现布尔检索，可以先在CNKI学位论文库的高级检索界面设置题名和导师检索词，然后单击检索框左侧的"AND"下拉按钮，在弹出的下拉列表中可以选择"AND""OR""NOT"选项，分别表示并且、或者、非。如图 20-14 所示。

图 20-14　对两个检索点进行布尔检索

如果选择"AND"，可以查找袁隆平作为导师指导的，题目中包含"水稻"的学位论文。题名"水稻"和导师"袁隆平"，这两个条件之间是"并且"关系，求交集。

如果选择"OR"，可以查找袁隆平作为导师指导的，或者题目中包含"水稻"的，两个条件满足其中一个条件的学位论文。题名"水稻"和导师"袁隆平"，这两个条件之间是"或"关系，求并集。

如果选择"NOT"，可以查找题目中包含"水稻"的，但不是袁隆平作为导师指导的学位论文。题名"水稻"和导师"袁隆平"，这两个条件之间是"非"关系，求补集。

所以，在CNKI中要实现同一字段的布尔检索，用"*""+""-"；要实现不同字段的布尔检索，用"AND""OR""NOT"。在有些地方，没有明确的布尔检索运算符，同样可以实现布尔检索。

如图 20-15 所示，在CNKI标准的高级检索界面设置了时间范围和标准状态两个条件，这两个条件之间没有明确的运算符，但两者之间的关系，估计你也能猜出来，这两个条件都需要满足，就是"并且"关系。而在标准状态中又同时选中了

"现行"和"即将实施"两个复选框，任何标准都只能满足这两个条件中的一个，同时选中就是"或"关系。

图 20-15 没有明确的布尔检索运算符的布尔检索

> **Tips** 很多检索系统支持布尔检索，并且、或者、非是三种常见的布尔运算关系。但不同的检索系统，布尔检索运算符可能有区别，需要注意查看系统的提示或帮助。有些没有明确布尔检索运算符的地方，也可能存在布尔运算关系，在实际应用中需要多尝试。

同步训练 使用布尔检索在中国铁路 12306 系统中搜索铁路信息

操作提示：

❶ 进入中国铁路 12306 网站的首页界面；

❷ 搜索从北京出发到成都最近几天的高铁或动车一等座剩余信息。

20.3 截词检索：善用通配符，提升查全率

截词检索是一种通过截取检索词的一部分来进行搜索的技术，在设置检索词时，用通配符替代不确定的字符，这样可以扩大搜索范围并提高搜索效率。

不少外文检索系统支持截词检索。例如，在 Web of Science 中设置检索点为"标题"，检索词为"chemical"，然后在检索词的前方添加"*"，即在检索框中输入"*chemical"，如图 20-16 所示。

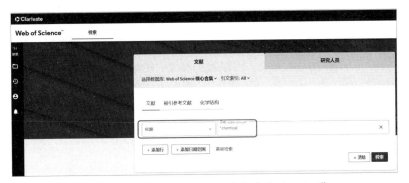

图 20-16　在 Web of Science 中检索 "*chemical"

那么，得到的检索结果如图 20-17 所示。

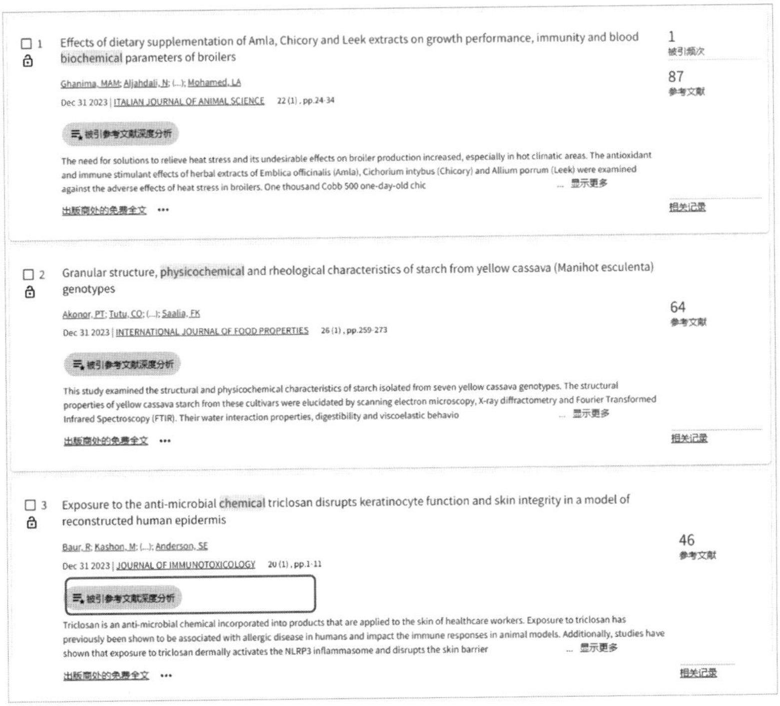

图 20-17　查看检索结果

注意结果中系统自动标黄的这几个单词，"biochemical""physicochemical" "chemical"，这些词都是在 "chemical" 单词的前面加上了数量不等的字符。

检索框中的 "*" 是通配符，也叫截词符，可以替代任意多个字符，在上面的例子中，"*" 放在了字符串的前方，也就是前截词。当然，"*" 也可以放在字符串的中间或后面，分别是中截词、后截词。

在 Web of Science 中，截词符除了 "*"，还有 "?" 和 "$"。"*" 用于替代零个

到很多个字符，"?"用于替代一个字符，"$"用于替代零个或一个字符。

"?"和"$"通常涉及英式拼写和美式拼写时才会用到。例如，我们输入"paraly？e"，如图20-18所示，可以找到英文"使瘫痪"的两种拼写方式，一种是英式拼写（se结尾），另一种是美式拼写（ze结尾），如图20-19所示。

图20-18　检索"paraly？e"

图20-19　查看检索结果

再如，我们输入"labo$r"，如图20-20所示，可以找到"劳动"这个单词的两种拼写方式，一个有字母u，另一个没有字母u，如图20-21所示。

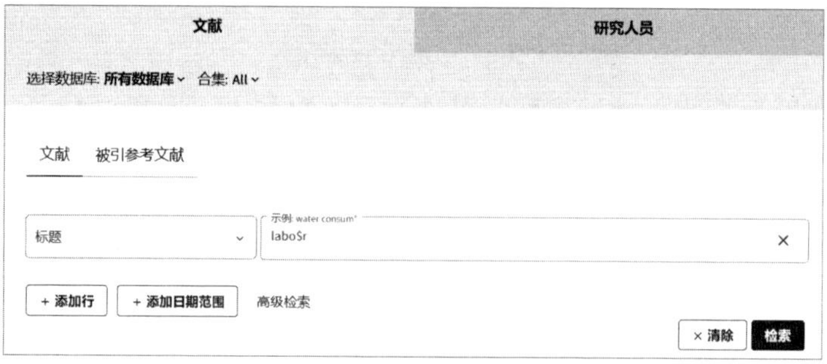

图20-20　检索"labo$r"

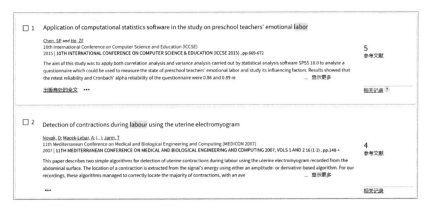

图 20-21　查看检索结果

由此可见，使用通配符可以防止漏检，提高查全率，这就是截词检索的作用。但有一点需要注意，不同的检索系统，对截词检索的支持程度不一样，具体规则也可能有区别。例如，在 Wiley Online Library 数据库的帮助说明中就明确指出，通配符不能放在开头，而且只支持"*"和"?"，Web of Science 支持的"$"，Wiley Online Library 是不支持的，如图 20-22 所示。

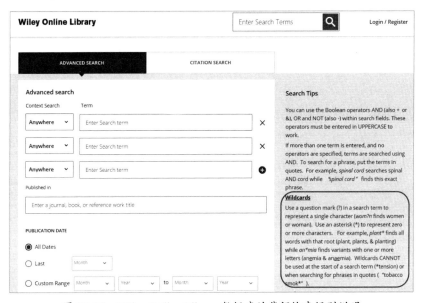

图 20-22　Wiley Online Library 数据库的截词检索规则说明

> **Tips**　支持截词检索的，大部分是外文检索系统。毕竟，汉字不能像单词那样拆分成多个字母，但也不是没有，比如国家知识产权局旗下的中国专利公布公告就支持截词检索。

同步训练 试着在中国专利公布公告系统中进行截词检索

操作提示：

❶ 进入中国专利公布公告系统的首页界面；

❷ 单击"高级查询"选项卡，进入高级检索界面；

❸ 在"申请人"右侧的搜索框中输入"四川％大学"并检索，看看可以找到哪些大学申请的专利；

❹ 重新在"申请人"搜索框中输入"中国？？大学"并检索，再看看搜索的结果。

> **Tips** 在中国专利公布公告系统中，检索表达式中的"％"与 Web of Science 中的"＊"通配符很类似，可以替代任意数量的字符。检索表达式中的"？"可以替代一个汉字。

20.4 匹配限制：精确还是模糊

匹配限制是一种通过限制检索词在文献中出现的方式来提高搜索精确度的技术。不少学术数据库支持匹配限制检索技术，一般有精确匹配和模糊匹配两种限制。不过不同的数据库、不同的检索点，精确匹配和模糊匹配的含义有可能是不一样的。下面以 CNKI 为例来探索一下精确和模糊匹配的意义。

例如，我们要在 CNKI 中国知网中查找四川师范大学 2023 年发表的 CSSCI 论文。使用 CNKI 中国知网的高级检索，设置文献类型为"学术期刊"，检索点为"作者单位"，检索词输入"四川师范大学"，出版年度为"2023"，来源类别中仅选中"CSSCI"复选框，默认情况下查找到的符合要求的论文有 137 篇，如图 20-23 所示。

图 20-23　查找四川师范大学 2023 年发表的 CSSCI 论文

注意检索点"作者单位"的检索框右侧有一个下拉按钮，如果在该下拉列表中选择"精确"选项，则查找到的符合要求的论文只有 15 篇，如图 20-24 所示。

图 20-24　精确查找四川师范大学 2023 年发表的 CSSCI 论文

如果我们直接在模糊检索的结果中再次进行二次检索，只设置匹配方式为"精确"，然后单击"结果中检索"按钮，如图 20-25 所示，也会得到 20 条结果，这说明 20 条结果包含在 137 条结果中，即模糊匹配的结果包括精确匹配的结果。

图 20-25　二次检索

那么，模糊匹配比精确匹配检索结果多出的那一部分是什么原因导致的呢？不妨让我们动手来探索一下，首先将 137 篇中的 15 篇剔除，然后进行对比，具体操作步骤如下。

步骤① 打开浏览器，❶进入CNKI的高级检索界面；❷设置第一个检索条件的检索点为"作者单位"，检索词为"四川师范大学"，匹配方式为"模糊"；❸设置第二个检索条件的检索点为"作者单位"，检索词为"四川师范大学"，匹配方式为"精确"；❹设置两个检索条件之间的布尔检索运算符为"NOT"，❺单击"检索"按钮。可以查找到的符合要求的论文有122篇，如图20-26所示。这个结果正是模糊匹配结果的137篇减去精确匹配结果的15篇所剩下的122篇。

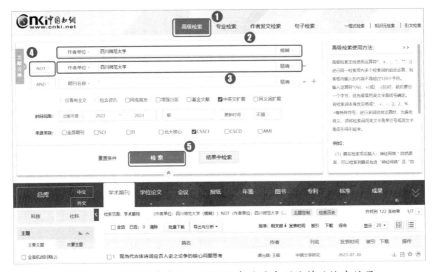

图20-26　设置检索条件从模糊检索结果中剔除精确检索结果

步骤② 接下来我们就来对比一下检索结果有何不同，在当前检索结果下任意打开几篇论文，主要看作者单位有何不同，如图20-27所示。发现这里搜索到的论文的作者单位可能是四川师范大学下的学院或研究中心，加上了二级单位的名称。

图20-27　查看符合条件的论文详情

步骤③ 重新设置精确检索四川师范大学2023年发表的CSSCI论文，从查找到的符合要求的 15 篇论文中任意打开几篇论文，主要看作者单位，如图 20-28 所示。对比即可发现，这些论文的作者单位都是精确匹配"四川师范大学"，一个字不多，一个字不少。

图 20-28　查看符合精确匹配条件论文详情

现在你大概明白了，在 CNKI 的"作者单位"这个检索点下，精确匹配表示的是完全一致，而模糊匹配表示的是包含关系。但是换一个检索点，它的精确匹配和模糊匹配的意义有可能就不同了。不同的检索系统，精确匹配和模糊匹配的区别也许更大。所以，我们一方面要学会看帮助，另一方面最好实际动手探索，在探索中发现系统的规则逻辑。

同步训练　探索 CNKI 中其他检索点的匹配限制

操作提示：

❶ 进入 CNKI 的高级检索界面；

❷ 设置文献类型为"学术期刊"，检索点为"篇名"，探索精确匹配和模糊匹配的区别；

❸ 设置检索点为"主题"，看看还能不能设置匹配限制。

> **Tips**　在外文数据库中，一般用双引号表示精确匹配，以实现短语检索，也就是告诉系统不要拆分多个关键词。

20.5　词频限制：加权检索，检索更精准

词频限制是一种通过限制检索词在文献中具体字段出现次数或频率来改变搜索结果排序的技术。例如，要在 CNKI 中检索符合"AIGC"出现在摘要中至少 6 次的文献，具体操作步骤如下。

步骤 ❶　打开浏览器，❶进入 CNKI 的高级检索界面；❷设置检索点为"摘要"，检索词输入"AIGC"；❸单击检索框后面出现的"词频"下拉按钮，在弹出的下拉列表中选择"6"选项；❹单击"检索"按钮，如图 20-29 所示。

图 20-29　设置检索条件

步骤 2　显示检索结果，任意选择一篇符合条件的文献，如图 20-30 所示。

图 20-30　单击文献超级链接

> **Tips**　现在支持词频限制的检索系统不是很多，CNKI 是其中的一个。即使如此，在 CNKI 中也不是每个检索点都支持词频限制检索。

步骤 3　打开该文件的详细介绍界面，查看摘要中"AIGC"出现的次数，肯定是不低于 6 次的，如图 20-31 所示。

图 20-31　查看摘要信息

所以，你该明白词频限制的用途了吧。不仅关注检索词与检索点的匹配，而且要考虑检索词在指定检索点中出现的次数。通过调节词频限制，限定检索结果与信息需求的相关程度，缩小检索范围，进而提升检索的效率和质量。

同步训练　探索 CNKI 中有哪些检索点支持词频限制

操作提示：

❶ 进入 CNKI 的高级检索界面；

❷ 查看"篇名"检索点是否支持词频限制；

❸ 依次查看还有哪些检索点支持词频限制。

20.6　位置检索：CNKI检索，你用过"#"吗？

位置检索有时候也被称为邻近检索，它是一种通过指定检索词在文献中的位置或检索词之间邻近关系来提高搜索精确度的技术。下面以在 CNKI 中检索两个词不同关系的效果进行演示。

在 CNKI 的高级检索中，设置文献类型为"学术期刊"，检索点为"摘要"，检索词输入"人工智能 # AIGC"，这两个词中间用"#"连接，"#"左右各有一个空格，搜索到的文献结果有 95 条，如图 20-32 所示。

图 20-32　使用"#"位置检索运算符

图 20-32 中的"#"就是 CNKI 的位置检索运算符，作用是限制两个检索词出现的位置，要求两个检索词出现在同一句话中。因为我们设置的检索点是"摘要"，所以，找到的每一条结果的摘要中至少有一句话，包括"人工智能"和"AIGC"这两个关键词，如图 20-33 所示。

图 20-33　查看检索效果

如果不想将这两个检索词限制在同一句话中，只要求这两个词都出现在摘要中，可以把"#"换成"*"，如图 20-34 所示。这样，找到的结果就更多了，有 175 条。

图 20-34　使用"*"位置检索运算符

任意打开一个符合条件的文献超级链接，你可能就会发现"人工智能"和"AIGC"这两个关键词没出现在同一句话中，如图 20-35 所示。

图 20-35　查看检索效果

如果想让"人工智能"和"AIGC"这两个关键词不仅要求出现在摘要的同一句话中，还要求"人工智能"出现在前，"AIGC"出现在后。这时，可以在两个检索词中间用"%"，如图 20-36 所示。这样，找到的结果只有 61 条。

任意打开一个符合条件的文献超级链接，你就能发现摘要中至少有一句同时出现了"人工智能"和"AIGC"这两个关键词，且"人工智能"出现在"AIGC"之前，如图 20-37 所示。

图 20-36　使用"%"位置检索运算符

图 20-37　查看检索效果

> **Tips**　位置运算这种信息检索技术，尽管很少用到，但在特定的场景下，还是能解决实际问题的，所以，支持位置检索的系统还是不少的。

如果希望"人工智能"和"AIGC"这两个关键词之间的间隔不超过指定的字词数量，可以输入"人工智能 /NEAR 3 AIGC"，即"人工智能，空格，斜杠，NEAR，空格，3，空格，AIGC"，表示"人工智能"和"AIGC"这两个关键词需要出现在同一句话中，而且两个词之间距离不超过 3 个字词，如图 20-38 所示。

图 20-38　限定两个关键词之间的字词数量

任意打开一个符合条件的文献超级链接，你就能发现摘要中的"人工智能"和"AIGC"关键词出现在同一句话中，且没有超过 3 个字词的距离，如图 20-39 所示。

人工智能生成式AI技术在新媒体艺术中的应用研究

叶彩仙[1]   肖立军[2]

1. 广州南洋理工职业学院 2. 广东岭南职业技术学院

摘要： 随着信息社会和计算机科学的迅速发展，新媒体艺术在过去十年中并没有取得质的飞跃。原因在于大数据和机器学习、人工智能技术的快速发展使计算机科学上升到一个更高的层次，而艺术仍然停留在美学、声学、视觉和心理学等方面，缺少逻辑、智能、交互和整合。因此，新媒体艺术更需要计算机技术尤其是新技术的支持。在新媒体艺术的设计阶段，融入人工智能、机器学习与大数据挖掘等技术，通过数字建模，提高新媒体艺术的成型速度，通过机器学习快速了解用户体验及用户需求，进一步优化新媒体艺术作品，使用人工智能AI技术模拟新媒体艺术的同时，模拟用户体验与交互的全过程是该文研究的主要内容，使新媒体艺术成为AIGC（人工智能生成内容）领域的典型应用，用生成式AI将创造和知识工作的边际成本大幅降低，大大提高劳动生产率和经济价值，实现以1/10的成本，以百倍千倍的生产速度去生成新媒体艺术原创内容。

关键词： 新媒体艺术； 计算机科技； 人工智能； 生成式AI技术； 数学建模；

DOI： 10.19981/j.CN23-1581/G3.2023.21.007

专辑： 工程科技Ⅱ辑;哲学与人文科学;信息科技

专题： 文艺理论;自动化技术

图 20-39　超级链接

表达式中的运算符"NEAR"，可以替换为"PREV"或者"AFT"。"NEAR"没有限制两个检索词的前后顺序，"PREV"和"AFT"不仅限制两个检索词的间隔字词数，而且限制两个检索词的前后顺序。

> **Tips**　除了"#""%""NEAR""PREV""AFT"，CNKI中还有"SEN""PRG"位置运算符，大家有兴趣可以探索一下。

同步训练　探索北大法宝系统的位置检索功能

操作提示：

❶ 进入北大法宝系统的首页界面；

❷ 选中检索框下方的"同篇""同条""同段""同句"单选按钮；

❸ 不用运算符，直接在图形化界面中选择，试着实现位置检索。

本章小结

学术数据库的检索技术对于学术研究和信息查找至关重要。通过本章的学习，我们了解到学术数据库检索的基本概念，包括检索点与检索词的选择。学会了利用布尔检索技术来扩大或缩小搜索范围，并掌握了使用截词检索技术来提高搜索效果。同时，也了解了匹配限制和词频限制等技术，以及如何通过限制匹配和词频来提高搜索结果的准确性和排序。最后，我们介绍了位置检索技术，通过指定检索词在文献中的位置要求来获取更具针对性的文献。

第 21 章

网络导航：获取信息，也可以不搜索

本书的主题是讲解搜索，前面也提到了专门的搜索引擎，如百度、搜狗、必应等；还有资源系统内置的站内搜索，如搜索视频的 B 站、搜索论文的 CNKI 等。这一章我们不讲搜索，讲搜索之外能找到好资源的另一种方式——网络导航。

搜索引擎虽然是我们获取信息的主要工具之一，但网络导航在特定领域的资源整理和分类上有着独特的优势。也许你对网络导航有点陌生，其实，大家都应该用过。最典型的网络导航就是 hao123，这个网站你应该用过。网络导航，其实就是一个网站，通过分类整理和提供专题导航页面，帮助用户快速找到特定领域的优质资源。希望学完本章内容，你能在信息获取方面有不一样的体验和思路。

本章将介绍几个重要的导航网站，如设计师导航的优设导航、古籍文献导航的奎章阁，以及 AI 搜索类导航的 Ai Nav。这些网站为我们提供新的信息获取途径，并能够满足各种专业领域和兴趣爱好者的需求。让我们一起探索搜索之外的导航方式，扩展我们的知识领域，提升我们的工作和学术研究能力。通过灵活运用这些导航网站，我们能够更方便地获取特定领域的优质资源，提升工作和学术研究的效率和成果。

21.1 优设导航：设计师导航

我的一位朋友是一名设计师，最近接到了一个新的设计项目。然而，在开始设计之前需要进行市场调研，寻找灵感和优秀设计资源。她发现找到高质量的设计资源并不容易，常常需要在各个网站之间来回跳转，费时费力地点击和搜索。为了节省时间和提高效率，她开始寻找一个能够集结优秀设计资源的导航网站。

后来，我建议她选择优设导航。这是一款专为设计师打造的导航网站，其中收录了与设计师学习、工作密切相关的各类网站，并把这些网站分为高清图库、设计教程、界面设计、灵感创意、AIGC 工具、素材资源、字体下载、设计工具、摄影美图等十多个类别，如图 21-1 所示。另外，该网站还根据用户的访问数据推出自己的热门推荐，这就更便于新手设计师快速找到好资源了。另外，这个网站还链接了电商导航、图书导航等其他网络导航网站。

图 21-1　优设导航的首页界面

网络导航曾经很辉煌，在互联网发展的早期，甚至是查找网络信息资源的主要方式。随着互联网资源爆炸式增长，互联网上的网站越来越多，网络导航的分类索引就有点儿力不从心了。特别是搜索引擎的出现，改变了人们查找信息的方式和习惯。但在某些场景下，网络导航还很常用。比如hao123、360网络导航、搜狗网络导航、2345网络导航等面向普通用户的网络导航工具，仍然是很多人浏览器的主页。

例如，我的这位朋友要通过优设导航寻找灵感和优秀设计资源，她第一次访问该网站并尝试了一下，具体操作步骤如下。

步骤① 打开浏览器，❶通过搜索进入优设导航的首页界面；❷界面左侧是类别列表，在这里单击"灵感创意"选项卡；❸在右侧可以看到该类别下的推荐网站链接，任意选择一个网站超级链接，如"花瓣"，如图 21-2 所示。

图 21-2　单击"花瓣"超级链接

步骤 ② 打开花瓣素材的首页界面，如图 21-3 所示，在其中就可以进行图片查看了。

图 21-3　花瓣素材的首页界面

> **Tips**　优设导航下每个类别都提供相应的网站链接，方便大家打开相关网站。所以导航网站的作用就是搜罗一些实用网址，单击链接即可跳转到对应网站，不仅实用，还非常方便。"只要记住一个网站，就可以将一类网站一网打尽"。优设导航是面向设计师的网络导航，无论你是初学者还是资深设计师，都可以在优设导航快速找到你需要的资源，节省时间和精力。

同步训练　通过优设导航探索热门的 AIGC 工具

操作提示：

❶ 进入优设导航的首页界面；

❷ 单击"AIGC 工具"选项卡；

❸ 在右侧查看热门的 AIGC 工具，并单击超级链接跳转到想要的网页尝试各工具的用法。

21.2　奎章阁：中国古典文献资源导航系统

我的父亲是一位历史爱好者，最近对中国古代文化非常感兴趣。他听说了《永乐大典》这部重要的古代文化典籍，它是明朝永乐年间翰林院编纂的一部百科全书，涵盖各个领域的知识。由于《永乐大典》是古代文化的重要瑰宝，他希望能够查看它的相关信息和内容，以深入了解中国古代文化。

于是我建议他用一个名为"奎章阁"的导航网站，这是一个专门为研究文化遗产和历史文献的人们提供服务的导航工具。

如果你是文献学、古代文学、古代史、古文字学等传统文史领域的研究者、初学者、爱好者，尤其是这些专业的硕博研究生，一定要知道这个中国古典文献资源导航网站。通过奎章阁，用户可以便捷地获取各类古籍文献的数字化版本、研究成果、相关工具等，为学术研究人员和爱好者带来极大的便利和知识积累。

接下来我们就来体验一下，具体操作步骤如下。

步骤 ① 打开浏览器，❶通过搜索进入奎章阁的首页界面；❷在上方菜单栏中选择"网站资源"命令；❸弹出的下拉菜单提供十多个资源类别，如古籍影像、古籍全文、古籍目录、鉴定工具、数字人文等。当然，这些都和古典文献密切有关。这里任意选择一个类别，如"古籍影像"，如图 21-4 所示。

图 21-4　选择网站资源类别

> **Tips** 奎章阁致力于汇集丰富的历史文献资源，包括古籍、典籍、史书、文化遗产等，以满足用户对于历史文化的需求。奎章阁不仅允许用户在线阅读各种历史文献，还是一个提供学术交流和分享的平台，让用户能够就相关的历史文献展开讨论和交流。在奎章阁社区中，你可以结识其他对历史文化感兴趣的人，分享自己的研究成果并了解他人的见解。

步骤 ② 显示筛选结果，❶在上方给出的筛选项的"二级类目"栏中选择"中国大陆"选项；❷在下方单击"永乐大典 国图"选项上的"查看详情"按钮，如

图 21-5 所示。

图 21-5　选择要查看的文献

步骤 ③　进入新的界面，该页面列出了这个资源的名称、分类、网址链接、收录时间、累计点击量等信息。单击网址后的"直达"按钮，如图 21-6 所示。

图 21-6　单击"直达"按钮

步骤 ④　进入"永乐大典"的首页界面，根据提示单击页面，如图 21-7 所示。

图 21-7　单击页面

步骤⑤　进入新界面，并弹出提示框，提示查看操作，如图 21-8 所示。查看相关
　　　　操作介绍后关闭提示框。

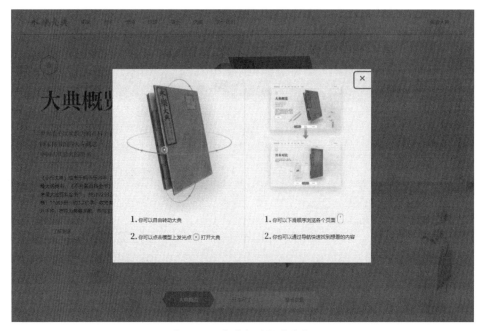

图 21-8　查看相关操作介绍

步骤 ⑥ 根据提示打开书籍并翻页，即可在主页查看《永乐大典》内容，如图 21-9 所示。

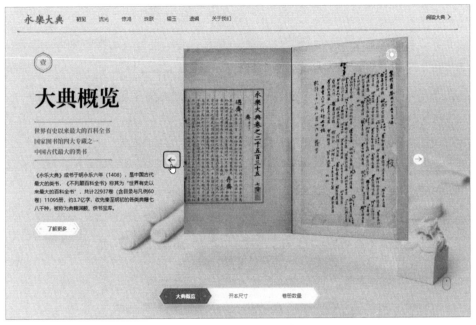

图 21-9　查看《永乐大典》内容

同步训练 ▶ 通过奎章阁查找古典文献全文

操作提示：

❶ 进入奎章阁的首页界面；

❷ 选择"古籍影像"资源类别，在筛选结果下方任意选择一个资源链接，如"中国社会科学院古籍"；

❸ 查看资源介绍说明，并跳转到对应的网站页面，选择一个古籍文献的缩略图；

❹ 查看这册古籍的题录信息，单击"阅读全文"按钮，查看全文信息。

Tips　查找信息资源，要学会搜索。想要提高搜索效率，最好选择专业的系统。要快速了解一个领域的专业资源系统，可以试试专业的资源导航。除了前面介绍的设计师常用的优设网络导航，古文爱好者常用的奎章阁，还有聚焦学术的科塔学术，我们常用的 CNKI 也内置了导航，其中的期刊导航很不错。

21.3　Ai导航：创新智能导航

2023年以来，由人工智能实验室OpenAI发布的对话式大型语言模型ChatGPT在各大中外媒体平台掀起了狂热之风，搅动着互联网的风云。ChatGPT是一款功能非常强大的AI（人工智能）聊天机器人，能做很多的事情。比如它能够通过学习和理解人类的语言来进行对话，还能根据聊天的上下文进行互动，像人类一样聊天交流，甚至能完成创意写作、图像生成、影音编辑、编程开发等任务。

在如今处处都追求降本增效的时代，把属于机器的工作交给机器或许是个不错的选择。我也想尝试一下，该如何找到这个工具呢？ Ai Nav的导航网站就是一个基于人工智能技术的导航工具，在这里可以找到各种各样的AI工具、应用、技术，以及商业应用等。

Ai Nav对AI产品进行了分类，包括文本处理、图片处理、代码工具、音频处理、视频处理、3D建模、商业应用等，方便用户快速找到所需的工具和资源。其实它们的内容涵盖机器学习、自然语言处理、计算机视觉、数据分析、数据挖掘、数据可视化、智能客服、智能推荐、智能投顾等多个领域。

下面利用Ai Nav导航使用ChatGPT，具体操作步骤如下。

步骤① 打开浏览器，❶通过搜索进入Ai Nav的首页界面；❷在左侧单击"文本"选项卡；❸在右侧罗列了用于生成文本的AI工具，这里选择第一个选项，即"GPT 4.0"，如图21-10所示。

图21-10　选择生成文本的AI工具

> **Tips** Ai Nav具有一系列实用功能，比如智能搜索、AI推荐、定制化导航等，可以提供更加个性化、智能化的服务体验。

步骤② 进入所选工具的介绍界面，单击"链接直达"按钮，如图21-11所示。

图 21-11　单击"链接直达"按钮

步骤 3 跳转到提供该工具的"百晓生AI"网站，单击"免费对话"按钮，如图 21-12 所示。

图 21-12　单击"免费对话"按钮

步骤 4 进入该工具的对话界面，❶根据提示在下方的文本输入框中输入要向 ChatGPT 提问的内容；❷单击"发送"按钮，如图 21-13 所示。

图 21-13　向 ChatGPT 提问并单击"发送"按钮

步骤 ⑤ 此时ChatGPT会根据接收到的问题进行智能回答，并给出答案内容，如图21-14所示。

图 21-14　查看ChatGPT的智能回答内容

同步训练　通过 Ai Nav 导航探索 AI 绘画工具

操作提示：

❶ 进入 Ai Nav 的首页界面；

❷ 在左侧单击"图片"选项卡；

❸ 在右侧罗列了用于生成图片的AI工具，选择不同的选项，探索各工具的功能和使用方法。

本章小结

传统的搜索引擎在获取信息和导航方面扮演着重要的角色，但除了搜索之外，导航网站也是一种非常有价值的资源。通过本章的学习，我们了解到设计师导航网站优设导航、古籍文献导航网站奎章阁，以及AI工具类导航网站Ai Nav等不同类型的导航网站。这些导航网站通过整理和提供特定领域的资源导航，帮助用户快速找到优质资源，提升信息获取的效率和质量。在日常生活和学术研究中，我们可以灵活运用导航网站来扩展查找信息的渠道。通过选择适合自己需求的导航网站，并掌握其使用方法，我们能够更快速地获取所需的资源和信息，提高工作和学术研究的效率和成果。

第 22 章

人工智能时代: 比搜索引擎更强的ChatGPT

在前面的章节中，我们了解了传统的搜索引擎及其搜索策略。现在，我们将转向讨论一个强大的聊天型人工智能助手——ChatGPT。与传统搜索引擎相比，ChatGPT不仅拥有语义理解和语境感知能力，还能进行交互式对话，从而更好地满足用户的需求。

在本章中，我们将介绍ChatGPT与传统搜索引擎的区别，以及其在实际应用中的优缺点和具体应用方法。通过了解ChatGPT的搜索能力，你将能够更加高效地获取准确的答案和信息。

22.1 什么是ChatGPT

ChatGPT（Chat Generative Pre-trained Transformer，缩写为ChatGPT）全称为聊天生成预训练转换器）是一种人工智能技术，它是通过深度学习算法对海量文本数据进行训练得到的生成式语言模型。它通过大规模的预训练，学习到了丰富的语言知识和语境理解能力。ChatGPT不仅拥有强大的自然语言处理能力，还拥有实时搜索能力，能够根据用户输入的问题和上下文生成有逻辑性和连贯性的响应，并通过内置的搜索技术提供相关的信息和参考资料。

ChatGPT自问世以来就备受瞩目，这一技术首次由美国的OpenAI公司提出，并在2019年不断升级和改善，于2022年11月推出。ChatGPT的出现极大提升了人们处理自然语言的效率和能力，也为人工智能技术的投入使用提供了新的思路，并做出了重要的贡献。

ChatGPT可以与用户进行交互式对话，帮助用户解决各种问题和获取所需的信息，并生成连贯的、自然的语句。它提供一个对话界面，允许用户使用自然语言提问，能够根据用户的提问产生相应的智能回答。ChatGPT能够像人类那样即时对话，流畅地回答各种问题及生成文本，ChatGPT不仅支持英语、法语等，还支持中文输入。

通过与用户进行交互，ChatGPT可以不断学习和提升自己的对话技能。它可以理解并生成自然语言，甚至能够使用语言进行各种简单的计算和搜索操作。ChatGPT采用多轮对话的方式，通过不断积累上下文信息来优化对话内容，实现更加准确和个性化的回复。

随着人工智能技术的不断发展，聊天型人工智能在各个领域均被广泛应用，它可以用于提供在线客户服务、智能问答、语言翻译、个性化推荐等方面。聊天型人工智能的发展为人们提供了更加便捷和高效的交流和获取信息的方式，同时也为企业提供了更好的服务和用户体验。目前，ChatGPT已经成为一款备受欢迎的聊天机器人，受到了许多用户和企业的关注和支持。

22.2　ChatGPT与传统搜索引擎的区别

ChatGPT具有强大的搜索能力，可以通过对问题进行分析和理解，寻找相关的答案和信息。它可以通过搜索引擎或其他在线资源来获取所需的信息，并将其整合到回答中。ChatGPT还能够解决一些复杂问题，提供个性化的答案和建议。

ChatGPT和传统搜索引擎是两种不同的技术，与我们熟悉的传统搜索引擎相比，ChatGPT具有更高的智能化和交互性。传统搜索引擎通常根据关键词匹配来返回结果，而ChatGPT能够理解用户的意图和上下文，并根据问题的含义提供相关的回答和解决方案。ChatGPT还可以进行交互式的对话，通过迭代和提问来获取更准确和详细的信息。

下面对传统搜索引擎和ChatGPT的特点进行对比说明。

1. 对话式交互

ChatGPT是一个基于对话的语言模型，专门用于与用户进行对话。与传统搜索引擎不同，它不仅提供答案，还可以处理复杂的问题，进行多轮对话，并提供更贴合上下文和更具连贯性的回复。

2. 理解自然语言

ChatGPT在训练过程中学习了大量的自然语言文本，使其能够更好地理解人类语言的含义、语境和隐含信息。相比之下，传统搜索引擎更依赖关键词匹配和统计模型，可能无法准确理解查询的意图。

3. 感知上下文

ChatGPT能够理解对话中的上下文信息，并根据之前的交互提供更准确的回复。这使它能够处理复杂的问题和进行多轮对话，并提供连贯的回答。搜索引擎通常只能根据单个查询提供静态的结果，无法持续跟踪和利用对话上下文。

4. 创造性和推理能力

由于具备生成文本的能力，ChatGPT可以创造性地生成新的、合理的回复，甚至在面对未知问题时进行推理和猜测。搜索引擎主要提供已有的信息和答案，缺乏创造性和推理能力。

5. 语言多样性

ChatGPT在训练中接触到了大量不同领域和语言风格的文本，使其能够适应不同的对话场景和用户需求。相比之下，传统搜索引擎的结果受限于索引的网页和文档范围，可能无法涵盖所有语言和领域。

需要注意的是，尽管ChatGPT在对话交互方面有优势，但传统搜索引擎在提供广泛和及时的信息方面仍然非常有价值。两者可以相互补充，在不同的情境和需求下发挥作用。

> **Tips**　传统搜索引擎的核心技术包括爬虫（Web Crawling）、索引（Indexing）、搜索算法（Search Algorithm）。与传统搜索引擎不同，ChatGPT通常不需要特定的关键词或语法，就能理解语言上下文并提供相关的答案。

22.3　ChatGPT应用初体验

到OpenAI官网页面登录账号后，就可以进入ChatGPT对话页面了。但是截至目前，ChatGPT官方不支持国内的注册，大多数人还是无法使用国外版本。好在国内研究出了许多款基于GPT-3.5和4.0算法的浏览器插件，下面以"Sider侧边栏"为例，介绍使用ChatGPT的具体操作步骤。

步骤 1　打开Microsoft Edge浏览器，❶在地址栏右侧单击"扩展"图标；❷在弹出的下拉菜单中可以看到添加了的扩展应用名称，这里选择"打开Microsoft Edge加载项"命令，如图22-1所示。

图 22-1　选择"打开Microsoft Edge加载项"命令

> **Tips** 不同浏览器提供的扩展应用会有所不同，但基本上都提供ChatGPT的浏览器插件。
> 如果地址栏右侧没有显示"扩展"图标⒢，可以单击最右侧的"设置及其他"图标⋯，
> 然后在弹出的下拉菜单中选择"扩展"命令，则显示"扩展"菜单。

步骤 ② 进入新的界面，其中显示该浏览器可以加载的内容，这里找到热门的
"Sider：ChatGPT侧边栏"应用，单击"获取"按钮，如图22-2所示。

图 22-2　单击"获取"按钮

步骤 ③ 此时弹出了一个对话框，提示是否将所选应用添加到Microsoft Edge中，
单击"添加扩展"按钮，如图22-3所示。

步骤 ④ 稍等片刻，就可以将所选扩展应用添加成功。进入新的界面，提示可以
将扩展应用图标固定到扩展栏中。根据提示，❶再次单击"扩展"图标⒢；
❷在弹出的下拉菜单中可以看到已经添加了"Sider：ChatGPT侧边栏"应
用，单击名称右侧的⬗图标，如图22-4所示。

图 22-3　单击"添加扩展"按钮　　　　　　图 22-4　单击图标

步骤 ⑤ 在地址栏右侧就会显示"Sider：ChatGPT侧边栏"应用的图标了，同时跳

转到新的页面，单击"试用一下"按钮，如图22-5所示。

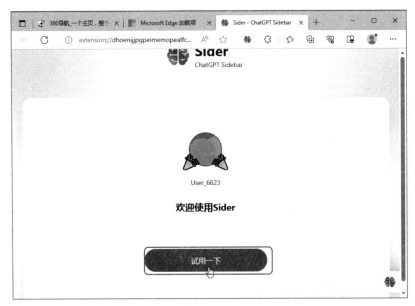

图 22-5　单击"试用一下"按钮

步骤 6 进入新界面，单击"使用手机登录"按钮，如图22-6所示。

图 22-6　单击"使用手机登录"按钮

步骤 7 ❶在文本框中输入手机号码和手机上收到的验证码；❷单击"登入"按钮，如图22-7所示。

图 22-7　使用手机登录

步骤 ⑧ 登录成功后，就会进入应用使用说明界面，并在页面右侧显示侧边栏，侧边栏的上方对 ChatGPT 的应用给出了几个示例，单击顶部的"整页聊天"图标，如图 22-8 所示。

图 22-8　单击"整页聊天"图标

步骤 ⑨ 此时就会展开侧边栏，在浏览器的整页中展开，❶ 在页面最下方的对话框中输入问题、描述情况或请求特定信息，我们通常把这个内容叫作提示词

（Prompt）；❷单击对话框右边的▷按钮发送提示词，如图 22-9 所示。

图 22-9　输入提示词并发送

步骤10 随即 ChatGPT 就会基于其训练的语言模型理解用户的输入，并生成相应的回答，如图 22-10 所示。ChatGPT 会记得上下文信息，再次输入提示词即可进行聊天式的对话。将鼠标光标移动到聊天信息上，在这些内容的右下方会显示▢图标，单击可进行复制。

图 22-10　查看并复制 ChatGPT 的回答

> **Tips**　单击 ChatGPT 对话界面右上角的"新建聊天"按钮，可以开始一个新的对话。在
> 聊天过程中，ChatGPT 会记住之前对话中的所有内容，并根据上下文作出响应。而新
> 建对话则可以在没有前文的影响下开始一次全新的对话，不受之前对话的影响。这样，
> 用户可以根据需要选择是继续之前的对话还是开始一个全新的对话。

22.4　ChatGPT 搜索策略和技巧

在上一节中，我们首次尝试了与 ChatGPT 进行对话。从中可以看出，在与
ChatGPT 的聊天中，提示词扮演了指导、引导和控制的角色，可以提高回答的准
确性、相关性和可理解性。它们是确保有效沟通和满足用户体验的重要元素。

构建有效的搜索问题可以帮助用户获得准确和有用的答案。用户应该清晰地
表达问题，并尽可能提供更多的上下文信息，以便 ChatGPT 更好地理解问题背景
和需求。提示词的选择也很重要，用户可以选择具体和明确的提示词来缩小搜索
范围。接下来，我们介绍几种优化 ChatGPT 搜索效果的策略和技巧。

1. 使用提示词优化搜索结果

对于某些问题，选择提示词并将其包含在搜索查询中，可以更精确地获取相
关的答案和信息。提示词可以是特定的词汇或短语，与问题或主题密切相关。通
过优化提示词的选择，可以提高搜索结果的准确性和相关性。

2. 利用上下文引导搜索方向

ChatGPT 在进行搜索时会考虑上下文，这意味着前面的对话或问题可以对后
续的搜索结果产生影响。用户可以利用这一点，通过在对话中提供更多的信息和
相关背景，引导 ChatGPT 的搜索方向，并更好地满足用户的需求。

3. 调整搜索问题以获取更准确的答案

在与 ChatGPT 交互时，用户可能会发现初始回答并不能满足自己的需求。这时，
用户可以尝试重新构思问题或提供更多的细节，以引导 ChatGPT 生成更准确和详
细的答案。通过与 ChatGPT 的迭代交互，用户有机会从不同的角度思考问题，并
获取更准确的答案和解决方案。

22.5　ChatGPT 搜索的优缺点

ChatGPT 搜索具有以下优点。

● 语义理解能力强，能够根据问题的意图提供相关的答案和信息。

● 可以进行交互式对话，通过迭代和提问来获取更准确和详细的信息。

● 可以利用上下文信息进行搜索，提供更具个性化和针对性的答案和建议。

ChatGPT搜索也存在一些局限性和挑战，具体如下。

● 对于某些领域或专业知识，ChatGPT可能无法提供准确的答案。它的训练数据和语言模型有一定的限制。

● 在处理大规模数据和复杂问题时，ChatGPT的搜索响应时间可能相对较长。

● ChatGPT搜索的结果可能受训练数据的偏见和噪声的影响。

> **Tips**　ChatGPT的搜索响应时间主要取决于问题的复杂性和资源的利用情况。一般来说，ChatGPT能够在几秒钟内生成回答，但在处理复杂问题或涉及大规模搜索时可能需要更长的时间。为了提高搜索效率，ChatGPT会利用各种并行计算和优化技术，以加快搜索响应速度。

 本章小结

本章详细介绍了ChatGPT的特点、与传统搜索引擎的区别，并通过一个具体操作案例让大家能掌握通过浏览器侧边栏使用ChatGPT的方法。最后，还简单介绍了ChatGPT的搜索策略和技巧，以及它的优缺点。不过这毕竟是一个工具，具体的使用方法还需要大家通过实操来进行掌握，而且随着人工智能技术的发展，ChatGPT的使用体验会更好，希望大家花精力多探索一下这个工具，学会使用提示词来与ChatGPT进行对话，从而获得理想的答案。

第6篇　顶层思维篇

在现代社会，搜索已经成为我们获取信息和解决问题的主要方式之一。然而，单纯地进行搜索并不总能给我们带来深入理解和持续学习的体验。在最后一篇，我们将探讨搜索的顶层思维，即搜索与探究精神及终身学习的关系。

首先，我们将探究什么是探究精神及它的重要性，其次深入探讨如何将搜索与探究精神相结合，以寻求更深入地理解和精进自己。最后会探讨搜索与终身学习的关系，以及它对个人成长和社会进步的意义，同时，还将探讨传统学校教育在促进终身学习中的作用。当然，为了让你更深刻地认识到搜索与探究精神及终身学习的关系，我会将自己的经历作为案例进行展开。

通过阅读本篇，希望能够激发你的探究精神，让你认识到持续学习的重要性，掌握一些实践性的方法，帮助你在搜索中精进自己和实现终身学习的目标。无论你是一个求知欲强的学者，还是一个追求个人成长的职场人士，相信本篇的内容都将对你有所启发。

第 23 章

搜索与探究精神：在探索中精进

在当今不断发展的世界中，探究精神成为其中一种重要的心态与思维能力。本章将深入探讨探究精神的定义，以及搜索与探究精神之间的紧密联系。我们将通过一个具体的例子来展示搜索与探究精神是如何产生积极影响的，并探讨为何探究精神对于个人和社会的发展都非常重要。最后，我们将分享一些在探究中不断精进的实用建议。

23.1　什么是探究精神

在不断进步的世界中，有一种精神是非常重要的，那就是探究精神。探究精神指的是一种积极主动地寻求知识、追求进步的态度和行为。它不仅包括对已有知识的扩展和深化，还包括对未知领域的尝试和探索。通常表现为对问题的好奇心、对知识的渴望，以及对发现和学习的持续动力。具有探究精神的人不仅会主动去寻找答案，还不满足于表面的答案，会深入探索问题的本质，追求更深层次的理解。

探究精神是一种积极向上的心态，它鼓励我们主动思考、质疑和发现，从而不断丰富自己的知识，提升自己的能力。如果一个人具有探究精神，他应该是这样的一个人：遇到问题，尤其是遇到麻烦事的时候，不会郁闷，不会抓狂，也不会轻易求助于别人，而是首先想到通过自己的努力去解决，搜索信息往往是他开始努力的起点。他会先通过互联网搜索解决问题的思路、方法、资源、工具，然后实践验证，在实践的过程做出自己的分析、质疑和创新，如果遇到新问题就进一步搜索验证，直到解决问题。有时候还会根据探究的结果结合自己的积累做出创新，创造性地解决问题。

23.2　搜索与探究精神

搜索是探究精神的重要工具和手段。在过去，搜索信息可能需要花费大量的时间和精力，但随着互联网的普及和搜索引擎的发展，我们通过搜索引擎、图书馆、学术数据库等可以迅速获得大量的信息和知识资源。

搜索提供了一个广阔的知识网络，让我们能够快速了解和掌握各种领域的知识。然而，仅仅进行简单的搜索是不够的，需要结合探究精神在搜索的基础上进行深入思考、提出问题、开展实证研究，并不断进行反思和迭代，以求得真正的理解和创新。

探究精神要求我们追求深度、多样性和跨学科的认识。而互联网为我们解决问题提供了资源、工具和方法，探究的过程就是找到这些资源、工具、方法，并在具体的实践中解决问题，在这个过程中，搜索至关重要。通过搜索，我们可以快速地搭建问题与所需资源、工具和方法之间的桥梁，这是实践探究精神的重要驱动。

所以说，搜索与探究精神密切相关，搜索可以让我们的探究过程变得更加便捷。

23.3　一个例子：探索与探究精神的价值

只用文字介绍探究精神，你可能觉得不好理解，下面通过一个我遇到的例子来展示搜索与探究精神的价值。

有一次我在网上看到一张很有意思的图片，如图 23-1 所示。这张图片的轮廓是一张地球图案，球面和不同洲的形状里面填充的是大小不一的文字，准确地说是不同字号的单词，字号比较大的几个单词有 METHANE（甲烷）、POLLUTION（污染）、CLIMATE CHANGE（气候变化）、FLOODING（泛滥的）、EARTH（地球）、RISING SEAS（海平面上升）、

图 23-1　发现的图片

ENVIRONMENT（环境）、GLOBAL WARMING（全球变暖）等。当时我觉得这样的图很酷，也很好奇这张图是怎么做的。但常识告诉我，肯定不是用 PS 那样的软件机械性地拼出来的，应该是用某个专门的软件自动生成的，而且字号的大小应该是有意义的。

有问题，搜索一下，关键是怎么搜索呢？这种图叫什么图不知道，用什么关键词不太好确定。还好有百度的以图识图，于是我用百度识图试着找一下线索。

打开百度，单击搜索框中的照相机形状的图标，上传想要识别的这张图片。在互联网上找到了几张同样的图片，如图 23-2 所示。通过图片标题，以及单击打

开图片所在的网页逐一翻看，发现多次提及"词云"这个词。当时我就在想，难道这种图叫词云？

图 23-2　以图识图结果

马上百度"词云"这个关键词，打开百度百科中词云这个词条，结合刚才的网页内容，基本确定了我的判断，这种图的名字就是词云，也被称为文字云，其中字号越大，表示该词在文本中出现的频率越高。

知道了这种图的名字，怎么做这种图呢？对，找攻略。在哪儿找呢？通过在搜狗上搜索关键词"词云 工具"，我找到了一些结果，如图 23-3 所示。

图 23-3　搜索制作词云的工具

打开搜索到的网页链接，查看多个内容后，我发现其中推荐比较多的是一款名叫"Wordart"的工具。进入 Wordart 网站，发现是一款在线工具，全英文界面，选项比较多，操作貌似也不简单，暂时放弃。

要处理汉字的词云，我还是先找个中文版本的工具吧，于是根据推荐打开排名第二的"微词云"工具所在的网页。这也是一个免费的在线词云生成工具，它的首页界面效果如图 23-4 所示。

图 23-4 微词云首页界面

> **Tips** 微词云工具支持自动文本分析，提供大量的形状模板，也支持自定义模板。字体支持种类很多，图片颜色种类也很多，还有渐变色，操作也比较简单。但是免费的图片有水印，而且对词汇数量有限制，注册后功能会更强大。

一个工具好不好用，首先看它能实现哪些效果。我当时就想，看能不能用"微词云"把一开始看到的那个地球图形的词云效果制作出来。单击"开始创建"按钮，开始创作。

进入微词云工具的操作界面，左边是操作区，可以输入文本内容、调整形状、配置颜色、添加插图、设置字体等；右边是词云效果展示区。单击左侧上方的"导入单词"按钮，如图 23-5 所示。

图 23-5 单击"导入单词"按钮

弹出的对话框在顶部提供"简单导入""分词筛词后导入""从Excel中导入关键词"3 种输入文本内容的方式，单击不同的选项卡，可以进入对应的编辑区，查看不同方式的操作提示。这里❶单击"分词筛词后导入"选项卡；❷在互联网上搜索《红楼梦》，并复制其中一回的内容到对话框的输入区；❸其他保持默认设置，单击"开始分词"按钮，如图 23-6 所示。

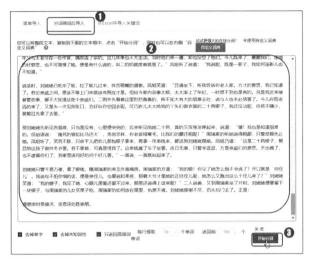

图 23-6　输入文本内容

稍后便可以看到系统对输入文本进行分词后的词频统计结果，还可以设置提词规则和词频过滤规则，这里保持默认设置，单击"确定使用所选单词"按钮，如图 23-7 所示。

图 23-7　查看分词效果

返回操作界面，单击顶部的"加载词云"按钮，即可用刚刚得到的单词填充图案，得到由大小不一的文字组成的心形词云，效果如图 23-8 所示。

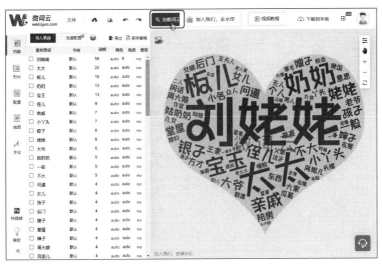

图 23-8　生成词云

❶在左侧单击"形状"选项卡；❷选择想要替换的形状效果，即可在右侧看到根据所选形状新生成的词云效果，如图 23-9 所示。

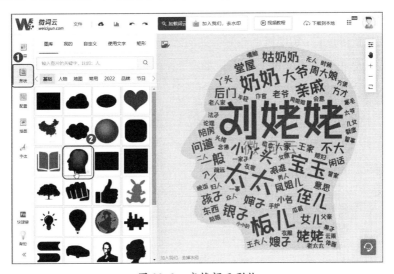

图 23-9　变换词云形状

可是根据提取的词语，我想要找一个和刘姥姥匹配的形状，微词云中没有内置相似的图形。仔细找一下，发现提供图形形状的上方有"自定义"功能。❶单击"自定义"选项卡；❷根据提示在互联网上搜索刘姥姥相关的SVG图片，并上传到微词云中，发现尺寸不对，然后根据提示修改尺寸或重新找其他合适的图片再上传；❸单击上传成功的图片，即可在右侧看到根据所上传图片形状新生成的词云效果，如图 23-10 所示。

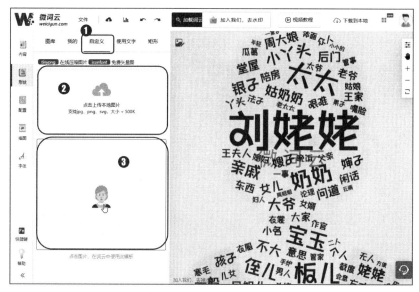

图 23-10　自定义词云形状

继续探索一下，❶单击左侧的"配置"选项卡；❷调整颜色搭配效果和单词间距、单词数量等设置；❸即可在右侧看到词云效果的变化，如果没有看到变化，可以单击"加载词云"按钮，进行刷新，如图 23-11 所示。

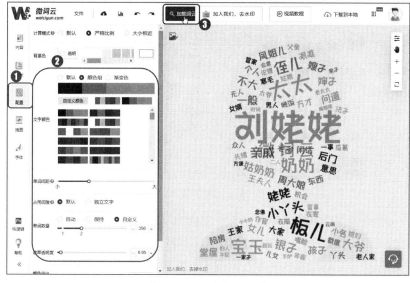

图 23-11　调整词云配色

继续探索，❶单击左侧的"插图"选项卡，并选择需要插入的图片效果，然后拖动鼠标调整图片插入后的位置和大小；❷单击左侧的"字体"选项卡，并选择需要使用的字体效果，单击下载并使用；❸在右侧查看词云效果，觉得满意后单击"下载到本地"按钮，如图 23-12 所示。

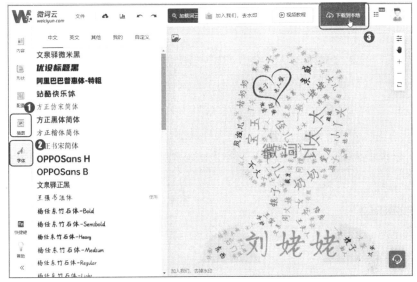

图 23-12　美化词云效果

在弹出的对话框中设置要下载的图片格式，单击"下载到本地"按钮，看到提示需要付费使用，这时根据提示操作或进一步搜索有没有相同功能的免费软件。

我后来又探索使用了 Wordart 工具，发现它不能像微词云那样自动切词，自动进行词频统计，需要输入关键词和词频权重。怎么办？于是我又开始找词频统计的工具，通过百度搜索找到语料库一类的网站，有词频统计功能，按照 Wordart 要求的格式导入。接着处理图形，单击"可视化"按钮，图形出来了，但文字不是汉字，而是看不懂的奇怪符号。问题出在哪里呢？探索一下。在搜索引擎中输入"Wordart"，搜索引擎的搜索框马上给出"Wordart 中文字体"的联想提示，看到这些提示，我好像明白了，Wordart 中没有中文字体。继续找攻略，发现这种问题很多网友都遇到过，解决方法也很简单，下载一个中文字体导入即可。打开识字体这个网站，随便找一款中文免费字体，下载，导入。然后重新生成，终于成功生成了自己想要的词云。

这个例子告诉我们，要有探索精神。在面对新事物时，可以运用信息意识和探究意识去寻找线索，解决问题。无论遇到多少困难，只要坚持不懈地探索，就能取得成功。

23.4 探究精神为什么重要

探究精神对于我们创造性地解决问题、提高工作效率和质量，以及个人成长方面都有重要作用。很多问题并没有现成的答案，我们需要运用自己的探究精神去寻找解决问题的方法和线索。随着技术的进步和社会信息化的发展，这种解决问题的逻辑变得越来越常见。

例如，我的一个学生要去灯具公司实习做销售，想提前了解一下灯具相关知识。我建议他去京东搜索灯具，他通过查询京东网站的信息，获得了图文并茂、价格性能一目了然的灯具信息，并且在搜索结果上方的筛选区发现了对灯具进行分类的选项，如图 23-13 所示。用京东了解灯具知识的过程，创造性地解决了问题。他一开始也很难知道会有什么结果，但走出探究第一步，就可以发现一个新世界。

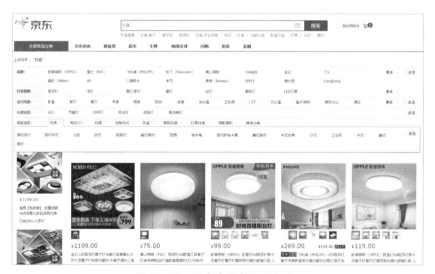

图 23-13　用京东了解灯具知识

探究不仅可以帮助我们解决问题，还可以提高我们解决问题的效率和质量。很多事物看似复杂，实际上可能并不那么难。我们只需要运用探究精神去深入了解，就会有惊人的发现。举个例子，当我想要制作一张二维码名片时，通过探究二维码生成器，我发现在一个叫"联图二维码"的网站上，只需填写相关信息，就能轻松生成名片二维码。在探究之前，我以为制作二维码名片很复杂，但通过探究，我发现其实事情并没有那么困难。

同时，探究的过程也是自我提升的过程。通过探究，我们不仅能解决问题，还能在探究的过程中不断发现更多、更好的东西。这些新的知识和资源将成为我们的经验。即使我们在探究过程中没有解决问题，但也在不断提升自己。我们回想一下上一节中提到的词云的例子，通过探究，我们获得了许多实用的资源和工具，这为我们的学习和发展提供了更多机会。

探究精神除了对个人发展有非常重要的作用外，对社会的发展也很重要。探究精神可以激发个人的求知欲望，不断拓展个人的知识面，提升认知能力。通过探索和学习，个人可以不断成长和进步，提升自己在各个领域的竞争力。其次，探究精神可以促进创新和发现。当人们敢于质疑和挑战现有的观念和方法时，他们可能会发现新的解决方案，甚至创造出全新的领域和颠覆性的科技。所以，探究精神还可以促进社会的进步和繁荣。一个富有探究精神的社会意味着人们对知识的追求和对问题的解决能力更强，这将为社会带来更多的创新、发展和可持续的进步。

23.5　如何在探究中精进

在探究中精进的过程是一个持续不断努力的过程，下面是一些实用的建议，可以帮助我们在探究的道路上不断进步。

1. 培养好奇心，要有探究意识

保持对世界的好奇心，保持主动探索的动力。遇到问题，首先想到自己探索解决问题，有意识地关注探究过程中的新发现。

2. 提出深入问题，深入研究

提出好问题是关键。好的问题能够引发深入思考和探究，帮助我们理解问题的本质。所以不能仅满足于表面的答案，要深入研究和分析问题，寻找更深层次的理解。

3. 善于搜索，并培养批判性思维

先搜索解决问题的攻略，找到解决问题的一些方法和思路，然后根据其中的提示进一步搜索，该找资源找资源，该找工具找工具。面对搜索结果，我们需要培养批判性思维，能够审视和评估信息的可靠性和有效性。这样可以避免被虚假或不准确的信息所误导。

4. 重视实践，亲自动手去做

很多问题并没有一个明确的解决思路，先根据线索进行探究，走一步看一步，见招拆招，逢山开路，遇水架桥，直到问题得到解决。这要求我们敢于冒险，尝

试新的领域和方法，不断追求新的挑战和机会。通过实证研究，我们可以验证假设，获得更可靠和准确的结论。

5. 多角度思考，培养系统思维

从不同的角度和学科领域思考问题，将问题和知识放入更广阔的背景中进行思考，以获得更全面和深入的理解。

6. 保持开放的心态，合作交流

要保持开放的心态，与他人分享和交流自己的想法和发现，并接受不同的观点和思维方式。开放的心态可以帮助我们从多个角度思考问题，避免陷入狭隘的思维模式，通过合作可以不断改进和完善自己的探究。

7. 要不断反思和迭代，学会积累

问题解决之后，要整理解决问题的思路和方法，积累遇到的资源和工具，反思走过的弯路，总结其中的经验和教训。通过反思和迭代，可以不断改进和完善我们的思考和探究过程，提高我们的学习效果和能力。只有不断努力和实践，我们才能在探究中不断精进。

 本章小结

在本章中，我们探讨了搜索与探究精神的重要性，以及搜索与探究精神的关系。搜索是探究精神的重要工具和手段，但仅仅进行搜索并不能体现真正的探究精神。探究精神代表一种积极主动的态度，它能够激发个人的求知欲望、促进创新和推动社会进步。通过一个具体的例子，我们展示了搜索与探究精神是如何影响个人发展的。最后，我们分享了一些在探究中精进的实用建议。希望这些内容能够帮助你在探索和学习中取得更好的进步和成果。

第 24 章

搜索与终身学习：从小白到强者的进阶路径

　　本章我们将探讨终身学习及其与搜索的紧密关系。随着信息时代的到来，持续学习和不断提升已成为一个人生存和发展的必要条件。我们将首先讨论终身学习的概念及其对个人成长的重要性。接着，将分享一个笔者学习经历的案例，展示终身学习的作用与影响。然后，我们会深入探讨为什么终身学习如此重要，以及它与搜索的关系。最后，我们也会讨论学校教育在终身学习中扮演的角色。通过本章的学习，希望你能找到自己成为强者的进阶路径。

24.1　什么是终身学习

　　终身学习指的是为适应社会发展和实现个体发展的需要，持续地获取新知识、不断发展技能、适应变化的过程，不论哪个年龄或阶段，都保持对知识和技能的追求。它不仅是为了获得某项特定的认证或实现职业目标，更是一种积极的生活态度。终身学习强调个人主动地拓展知识和技能，提高综合素质，并将其应用于个人的生活和工作中。

　　终身学习是贯穿人一生的学习过程。在这个过程中，个体持续获得生存与发展所需要的知识与技能，并逐渐形成自己的价值观和思维方式。尽管终身学习不排斥被动的教育培训和潜移默化，但更强调学习的主动性和自主性。

　　在学校中接受教育只是学习的一部分，更多的学习发生在学校之外。从我们出生开始，我们就处于一个不断学习的状态，这个学习的过程将伴随我们一生。想一想，你现在所具备的各种技能，有多少是在学校学到的，又有多少是在校外学到的呢？

　　创造性解决问题的过程本身也是一个持续的学习过程。举个例子，有一次我需要将一个网页上的 50 多页文本复制到 Word 文档中，但发现每两段文字之间都有一个空行。手动处理这个问题太烦琐，那该怎么办呢？

　　我决定搜索相关攻略，找到了一个解决方法：利用 Word 的批量替换功能。在"替换"对话框中单击"更多"按钮，然后选择"特殊格式"下拉列表中的"段落标记"选项,如图 24-1 所示。在"查找内容"下拉列表框中出现了"^p"符号组合,我首先使用两个"^p"来替换一个"^p",然后单击"全部替换"按钮进行批量替换,如图 24-2 所示。瞬间,我收到了提示,告诉我替换了 988 处,问题完美解决了。

仔细思考后,我发现这个问题的原理并不复杂。正常的段落之间只有一个段落标记,也就是回车换行符。而两个段落之间的空行实际上由两个段落标记构成。将两个段落标记替换为一个,就相当于删除了空行。

通过搜索攻略并进行实践解决问题,我不仅解决了去除空行的困扰,还发现了 Word 批量替换功能的强大之处。除了"^p"表示段落标记外,还有许多类似的特殊符号,如"^m"表示手动分页符,"^b"表示手动分节符等。这些不仅涉及特殊符号,还涉及各种格式和样式的替换方式。

图 24-1　选择查找特殊格式　　　　图 24-2　进行批量替换

这个例子并不是为了给你分享 Word 技巧,而是想告诉你,创造性解决问题的过程本身就是终身学习的过程。在解决问题的同时,我还学到了许多关于 Word 批量替换功能的知识,收获颇丰。强烈建议你也去探索一下,发现其中的乐趣和学习机会。

24.2　一个案例:我的学习经历

现在分享我的个人学习经历,展示终身学习对于个人成长的重要性。我本科学习的是投资经济，毕业后进入了一家证券公司工作，与我的专业相关。然而，在实际工作中，我发现许多在大学里学到的知识似乎用不上，而工作所需的技能又没有在学校里学到。

作为一个投资经济专业的毕业生，我的工作是维护客户的证券行情交易系统。这些内容在学校根本没有接触过。因此，我只能购买相关书籍，寻找资料，并向同事请教，通过在实践中一步步摸索和学习，很快就能解决大部分技术问题。

后来听说一个朋友考取了注册会计师资格后薪水大幅提升，于是我也决定尝试一下。我找到了攻略，购买了教材，做了考题，继续学习。经过近一年的努力，我通过了其中一门考试。

尽管后来我没有继续考取注册会计师资格，但是在那一年的努力中，我打下了坚实的会计基础。更重要的是，这次考试的经历训练了我的学习能力，使我积累了许多关于学习的经验。

在工作了一年后，我决定开始准备研究生考试，并选择将图书馆学作为报考专业。我采取了相似的学习方法——通过获取信息来解决问题。我研读招生简章，寻找考试大纲，购买复习资料，并复印以往的考题。

幸运的是，我考上了研究生，并辞去了工作专心读书。在三年的图书馆学专业的学习中，我进入了与该专业相关但完全陌生的教学领域。通过获取信息来解决问题，我寻找了优质课程，查阅了其他人的大纲、讲义和视频，借鉴了他们的长处并加入自己的内容，逐步完善了自己的知识体系。

从一个新手逐渐进步到熟练的阶段。

2008年，我决定考博士学位。英语成绩国家线是55分，而我的成绩只有50分，可以说是出师不利。

在我兼职工作的同时又要准备博士学位考试，我的英语水平并不好是个挑战。面对问题时，我首先想到的就是通过搜索获取信息来解决问题，这是我一直强调的信息意识。

我开始寻找攻略！有个网友提到，如果你没有更好的英语学习方法，可以尝试背诵并默写《新概念英语》这套教材。他说，背诵并默写三到四册的内容能够应对大多数英语考试。我觉得这个方法很不错，于是我决定从第四册开始。

通过图书馆的资源搜索，我发现图书馆已经借出了《新概念英语》这本书。但是，通过搜索引擎，我轻松找到了课文的文本，并通过音乐搜索引擎找到了对应的MP3音频。

仔细阅读后，我发现《新概念英语》第四册的句子很长，我很难理解并背诵。继续找攻略，有网友推荐了潘章仙老师编写的一本书《钻研新概念英语》。该书对新概念英语的句子进行了分解，做了详尽解释。

可是，图书馆并没有这本书的印刷版，后来我在图书馆购买的电子书数据库"书生之家"中找到了这本书的电子版。根据攻略，还找到一个新概念英语的学习软件，可以默写，还支持自动判断对错，提高了学习效率。我花了半年多的时间背诵默写新概念四的 25 课内容。

第二年，我的英语成绩是 69 分，当年的英语成绩国家线还是 55 分。

我提到的这些只是我学习经历的一部分，这些阶段性的学习经历都是发生在课堂之外、学校之外，是自己为了完成一些阶段性目标而做的自主学习，也是终身学习的一部分。

24.3　为什么要终身学习

本书讲解的主题是搜索，为什么要在最后谈论终身学习呢？原因简而言之就是这样：终身学习非常重要，并且搜索可以更好地帮助我们实现终身学习。

先来谈谈终身学习的重要性。终身学习对于个人的成长和成功非常重要，你可能在潜意识中已经意识到这一点，但我将详细解释其中的逻辑。

首先，终身学习可以帮助人们适应快速变化的社会和工作环境。可以说，终身学习是适应社会发展的必需品。随着社会不断进步，新事物取代旧事物，我们所处的外部环境也发生了变化，为了适应这种变化，我们需要不断学习。例如，幻灯片替代了黑板，教师们必须学习使用幻灯片；智能手机取代了功能手机，我们必须学习智能手机的应用；移动支付逐渐流行，我们必须学会使用支付宝、微信支付等相关操作。拒绝进步并非标新立异，而是会被社会所淘汰。因此，我们必须跟上新时代的脚步，不断学习新的知识和技能。随着时代的变化，新事物不断涌现，我们也需要不断学习，持续提升自己的适应能力和竞争力，以跟上社会进步的步伐。

其次，终身学习可以促进个人的发展和自我实现，也就是说，终身学习是个人实现自身发展的必要条件。外部环境在变化，我们自身也需要不断进步。毕业后，如果你做前台工作，那么过了 3 年、5 年、10 年，还做前台就不能满足自身的发展了吧？职位的晋升背后需要提升自身能力，而提升自身能力的关键在于终身学习。正如我之前提到的我的学习经历，为了适应工作需要而进行的学习，比如考取注册会计师资格、报考研究生、学习英语等，这些都是为了追求个人发展所进行的学习。社会在进步，周围的人也在进步，所以为了不断提升自身能力，我们需要持续进行终身学习，并且这个过程和结果要与社会的发展相吻合，要努力超越他人。通过学习，个人可以发掘潜能、开阔视野、培养生活技能，并实现自我成长和目标的达成。个人发展永远在路上，而终身学习则像是紧随其后的影子。

24.4 搜索与终身学习的关系

既然是终身学习，很多时候并不是在学校的学习，也可能不是传统意义上的学习形式，自主学习、解决问题过程中的学习更为常见。

没有人教，这就需要具备学习的主动性和较强的探究精神，在这个过程中，搜索是其中重要的一环。

在数字化时代，获取知识已变得更加便捷。通过搜索引擎、在线课程和学习平台，我们能够轻松获取海量的信息资源、方法与工具，找到解决问题的思路，更重要的是在搜索的过程中会发现更多的有价值的东西，拓宽知识领域，帮助我们发现新的学习机会。终身学习需要持续地主动搜索和学习，以不断拓展自己的知识库和技能。

在我的学习经历中，很多时候就是选定目标，搜索，然后用搜索到的方法、资源和工具进行终身学习。

24.5 学校教育与终身学习

学校教育在终身学习中起到了重要的作用。学校提供系统化的教育体系，培养学生的学习能力和传授基础知识。然而，终身学习并不仅限于学校教育的范畴，终身学习强调的是学习的持续性和个人主动性。

社会对学校教育（尤其是大学教育）与终身学习之间的矛盾问题经常进行反思和讨论。许多人在工作之后发现，他们在大学学到的东西在实际工作中很少用到，而在工作中需要的知识大学并未涉及。这种情况下，我们是否还有必要上大学呢？

答案是肯定的，大学教育是必要的，关键在于我们应该学习什么。作为一名教师，我认为，培养终身学习的能力应该成为大学教育的重要甚至是主要目标。

有些同学可能对自己的专业不满意，甚至考虑转专业。然而，我认为专业并不是那么重要。专业只是培养终身学习能力的一种途径，无论是选择哪个专业，是否喜欢，都并不是最重要的。关键在于你是否能够通过这个专业培养自己终身学习的能力。如果你能在一个自己不喜欢的专业中学有所成，那么你就有能力在未来学好更多的东西。

除医学、法学等有特殊要求的专业外，目前不喜欢的专业并不是问题，因为互联网上有许多学习资源可供使用。你可以选择你喜欢的专业，查阅名校某个专业的教学计划，找出核心课程，在网上寻找相关资源，选择优质的在线课程，阅读相关书籍，通过这样的方式，你同样可以学好你感兴趣的专业。

重要的是能力，而不是仅仅追求一个证书。重要的是学习的过程及在学习过程中培养的终身学习能力，而不仅仅是为了一个结果而学习。

在学校教育之外，个人应该积极抓住其他学习机会，如自主阅读、参加培训课程、参与社区项目等。学校教育可以为终身学习提供基础和引导，但个人的学习责任和决心才是终身学习的关键。

本章小结

在本章中，我们探讨了搜索与终身学习之间的关系及其重要性。终身学习是一个持续学习和不断进阶的过程，它能够帮助我们适应变化的社会和工作环境，促进个人的发展和自我实现。通过个人案例，展示了终身学习从小白到强者的进阶路径。我们强调了搜索在终身学习中的重要性，并讨论了学校教育在终身学习中的角色。让我们保持终身学习的态度，不断搜索、不断学习，成为生活与工作中的强者。